14

CEO ¿te atreves?

Servir a la sociedad y ganar es posible

Querida Ana,

Te dedico mi libro fruto de un trabajo intenso.
Muchas felicidades por el buen trabajo que estáis haciendo. Si hubiera este libro no sería una realidad.
Un fuerte abrazo.

CEO ¿te atreves?

Servir a la sociedad y ganar es posible

Tomás Tomeo Foncuberta
con la colaboración de Carlos Ordax

EDICIONES OMEGA

Diseño de la cubierta
Estudi Ramon Carreté

Plató, 26 – 08006 Barcelona
www.ediciones-omega.es

ISBN 978-84-282-1619-7
Depósito legal B. 27.402-2013
Printed in Spain
NOVAGRAFIC IMPRESORES, S.L.

Índice

SEGUNDA PARTE

A las mujeres y hombres de empresa
con vocación de negocio y buena voluntad.

"One unique feature of this book is that it recommends a formula for a company to succeed in the BOP markets; have a humanistic mission and a strategy derived from BOP markets to achieve sustainable social-economic growth for both the company and the people in BOP markets. In essence, BOPs markets provide an opportunity for companies to reclaim their role as creators and distributors of wellbeing to entire humanity and not just for the shareholders or stakeholders. The formula pushes for a unity of purpose for both a company and an individual person objectives; the wellbeing of other people. It's a revolutionary formula whose time has come."

[Una característica única de este libro es que recomienda una fórmula a las empresas para tener éxito en los mercados de la BdP, tener una misión humanista y una estrategia derivada de estos mercados para lograr un crecimiento socio-económico sostenible, tanto para el empresa como para la población. En esencia, los mercados de la BdP proporcionan una oportunidad a las empresas para reclamar su papel como creadoras y distribuidoras de bienestar a toda la humanidad y no sólo para los accionistas o grupos de interés. La fórmula apuesta por una unidad de propósito, tanto en los objetivos de empresa como personales: el bienestar de los demás. Es una fórmula revolucionaria cuyo momento ha llegado].

Dr. Edward Mungai

Entrepreneurship and Innovation Senior Lecturer
and Former Dean Strathmore Business School
Nairobi, Kenya

"Tomás Tomeo plantea en su buen libro, un libro valiente, una serie de temas importantes que guardan relación con lo que se suele llamar el pragmatismo ético o la ética rentable, conceptos que –si se asumen con integridad– acabarán siendo decisivos para mejorar el crecimiento económico mundial y sobre todo para corregir las inasumibles desigualdades actuales a nivel global. Merece ciertamente una lectura comprometida. Es un libro serio que además aporta datos e información muy valiosos."

Antonio Garrigues Walker
Presidente de Garrigues

"Una invitación a preguntarnos por el sentido de lo que hacemos y para quién lo hacemos. De cómo implicarnos como directivos y empresas en mejorar el acceso a las oportunidades por parte de quienes están en la base de la pirámide.

No tratándoles como excluidos sino como actores capaces también de construir su futuro y bienestar. Sin duda una buena medida de la calidad directiva."

SALVADOR ALEMANY MAS
Presidente de Abertis

"He leído con interés el libro CEO ¿te atreves? Servir y ganar es posible, de Tomás Tomeo, y me parece de gran interés en general para cuantos dedicamos nuestro tiempo a administrar empresas.

La idea de desarrollar nuevos mercados en entornos que habitualmente nadie considera y que contribuyen con ello al desarrollo de personas, es evidentemente lógica. Y si esas personas son las de rentas más bajas del mundo es, además, de mayor interés económico y social.

En todos los sectores, los administradores de empresas tratamos de "crear clientes" con productos a su medida.

Y ciertamente no hay productos mejores o peores ante clientes buenos o malos, sino que lo que hay siempre, son productos más o menos adecuados para los clientes a los que van destinados.

Las oportunidades existen siempre y hay que buscarlas o crearlas y con los clientes de renta más baja, además de obtener ventas y resultados, obtenemos también la satisfacción de servir y hacer felices a los que más lo necesitan."

JUAN-MIGUEL VILLAR MIR
Presidente de Grupo Villar Mir

"Tomás Tomeo brilliantly challenges great corporations and personalities to intensify their imagination, moral appeal, sustainable entrepreneurship, reputation and social legitimacy through embracing BoP initiatives. His convincing argument could inspire generous entrepreneurs and Corporate Social Responsibility enthusiasts to find opportunities for profit and happiness transforming the lives of millions of underprivileged societies."

[Tomás Tomeo desafía brillantemente a las grandes corporaciones y personalidades a intensificar su imaginación, carácter moral, espíritu empresarial sostenible, reputación y legitimidad social a través de iniciativas de mercado de BdP. Su convincente argumento inspirará a empresarios generosos y a entusiastas de la responsabilidad social corporativa para hallar oportunidades de negocio y felicidad transformando la vida de millones de desfavorecidos].

DR. GEORGE N NJENGA

Deputy Vice-Chancellor Research of the Strathmore University
and Founding Dean of Strathmore Business School.
Nairobi, Kenya

Prólogo

Cuando yo empecé mis estudios de Ciencias Económicas y Empresariales en la Universidad de Barcelona, los alumnos de último año de la carrera invitaron a un profesor de la Universidad Complutense, a quien había oído un par de años antes, a dar una charla precisamente a los recién llegados, porque sabían que el profesor era un excelente pensador y un gran comunicador, y esperaban que sus palabras nos ayudasen a nosotros, los nuevos, a plantear nuestro paso por la universidad. Ha pasado más de medio siglo, y me sigo acordando de lo que fue el mensaje central de aquel sabio profesor: la imaginación, nos dijo, es la principal cualidad del economista.

En la actualidad sigo pensando que tenía razón. Con mucha frecuencia planteamos el diagnóstico y la solución de los problemas de acuerdo con lo que ya sabemos, con las verdades convencionales, siguiendo caminos trillados. Y lo que él nos recomendaba era justo lo contrario, que empezásemos desde cero: que no aceptásemos los planteamientos heredados, que mirásemos siempre otras cosas, que hablásemos con otras personas, sobre todo si pensaban de manera diferente a la nuestra. En una palabra, que fuésemos heterodoxos; ese profesor lo era.

Al volver a leer el libro de Tomás Tomeo, me ha venido a la mente aquel recuerdo de mis primeros días en la universidad. No simplemente porque Tomás sea un heterodoxo, sino porque el libro mismo es una muestra de la importancia de abandonar el pensamiento convencional. El enfoque de la base de la pirámide es una genialidad teórica del autor C. K. Prahalad, que no podía quedarse en los libros de texto o en las revistas científicas, porque reclamaba la puesta en práctica: la prueba del pudín, como siempre dicen los buenos cocineros, está en probarlo.

Por ello, la base de la pirámide no es hoy una visión, ni una teoría, sino una realidad, que Tomás Tomeo recoge muy bien en este libro, lleno de ideas y, sobre todo, de ejemplos; un libro que el lector seguirá con interés, y que le enseñará muchas cosas. Aprenderá, pues, sobre la base de la pirámide–esa es la excusa–, pero, sobre todo, sobre cómo dirigir bien, en un entorno difícil y exigente, con problemas económicos, sociales, políticos y humanos muy graves que el emprendedor no puede dejar de lado, porque son "su" problema: su primera materia, su mano de obra, su mercado, su oportunidad, su reto, su responsabilidad social, su compromiso con la sociedad... Como lo es para nosotros hoy la tarea de crear empresas, dirigirlas, desarrollarlas y convertirlas en protagonistas de una sociedad nueva, a la salida de una gravísima crisis.

Pero –me dirá el lector– yo no tengo vocación de base de la pirámide. Es igual. La base de la pirámide es una excusa para poner al emprendedor o al directivo ante un problema real, invitándole a desarrollar su imaginación para encontrar las oportunidades, descubrir los problemas, buscar soluciones adaptadas al terreno y conducir a su empresa hacia el éxito: económico, claro, porque es una empresa de negocio, pero también social, humano y ético. Mi consejo es que el lector cierre el libro de vez en cuando y se pregunte: ¿Qué me está queriendo decir el autor? ¿Qué puedo aprender de este ejemplo, o de este modelo, o de esta actuación concreta? Ante mi empresa, en mi entorno, con mis clientes, proveedores y empleados, en la comunidad local en la que me muevo, ¿qué puedo hacer? ¿Dónde está la base de la pirámide para mí?

Si hace este ejercicio, el lector estará sembrando una pequeña simiente en su actividad profesional. Algunas veces recogerá el fruto inmediatamente. Otras muchas, lo encontrará más tarde, quizás al cabo de los años, cuando quizás no se acuerde de dónde lo leyó, quién le dio esa idea, dónde se le abrió la mente. Pero, en todo caso, el fruto estará ahí. Y como entonces, probablemente, no se acordará de Tomás Tomeo, le aconsejo que vaya dándole las gracias conforme adelante en la lectura.

Octubre 2013

ANTONIO ARGANDOÑA
Profesor, Cátedra 'la Caixa'
de Responsabilidad Social de la
Empresa y Gobierno Corporativo
IESE Business School

PRIMERA PARTE

[Capítulo 1]

Introducción

OBJETIVOS

¿Pueden las multinacionales acceder a nuevos mercados donde la competencia es irrelevante y hacer negocios rentables sostenibles en el tiempo?

¿Es posible conseguir que las personas con las rentas más bajas del mundo puedan incorporarse al mercado y desarrollarse en las diferentes facetas de la vida?

Este libro pretende exponer de una forma clara y concisa que es posible desarrollar nuevos mercados en aquellos entornos que habitualmente nadie considera y contribuir, de ese modo, al desarrollo como personas de esa población.

La población mundial está formada por casi 7.000 millones de personas. De ellos, más de 4.000 millones lo constituyen las personas con las rentas más bajas del mundo, que son aquellas cuyos ingresos anuales son inferiores a 3.000 dólares. Esto nos da un mercado potencial de 12 billones de dólares.

Los mercados desarrollados están saturados de ofertas de productos y servicios, donde la competencia es cada vez mayor, lo que obliga a un estrechamiento de los márgenes y a unos beneficios cada día más difíciles de alcanzar.

La pobreza y desnutrición a nivel mundial son muy significativos y se concentran en el segmento mencionado.

No cabe duda que la crisis iniciada en 2007 será transformadora y un nuevo orden económico florecerá en el futuro.

En este libro veremos todo el potencial de este segmento de la población y se cuestionarán los modelos de crecimiento económico existentes basados en la capacidad de endeudamiento.

Analizaremos cómo la satisfacción de las necesidades básicas de comida y bebida son especialmente relevantes, siendo el mercado de alimentación el principal mercado a cubrir.

Veremos cómo se establece un círculo virtuoso que relaciona la apertura comercial de los principales países afectados, el desarrollo económico y el impacto en la reducción de la pobreza en el mundo.

Finalmente se desarrolla una guía de cómo se debería acceder a este mercado para tener éxito y establecer, así, un desarrollo sostenible. Las empresas privadas pueden basarse en este marco general de actuación, como una primera aproximación a estos mercados.

UN POCO DE HISTORIA

La crisis que se inicia en 2007 es más importante y peor que la Gran Depresión de 1929, ya que la gente tiene más que perder dado que tienen un mayor apego a las cosas materiales. Además, esta crisis tiene efectos globales en todo el mundo. Las medidas para salir de la misma deben elaborarse de modo que permitan proteger al mercado en los países desarrollados y, a su vez, que exista la visión de medio y largo plazo para invertir en los países emergentes o menos desarrollados.

Los mercados actuales de los países desarrollados están cada vez más maduros y saturados, por lo que hacerse un hueco en ellos es cada día más complicado. Por otro lado, los países emergentes dependerán cada vez más de los productos básicos, cuyos precios está previsto que aumenten considerablemente en la próxima década.

En la pasada crisis asiática de 1997, las empresas que invirtieron en marca y en el desarrollo de negocios durante esos años consiguieron consolidarse y obtener unos rendimientos importantes después de la misma. Es importante que los máximos responsables de las empresas (presidentes, CEO, etc.) tengan en cuenta que en esos mercados no pueden conseguirse resultados a corto plazo dada la incertidumbre existente en los mismos.

DEFINICIÓN DEL ENTORNO

Según la ONU, hay 193 estados miembros de dicha organización. Siguiendo las directrices de la OCDE (Organización para la Cooperación y el Desarrollo Económico) podemos establecer una división entre países:

- países desarrollados, formados por 34 naciones
- países emergentes, formados por 9 naciones
- países en desarrollo, formados por todos los demás países no incluidos en los dos grupos anteriores, que son 150 naciones

Asimismo, en una relación entre población mundial e ingresos anuales por persona se observa que existe una relación inversa; es decir, hay mucha gente con muy pocos ingresos y pocas personas con muchos ingresos.

En 2002, los autores C. K. Prahalad y S. Hart dividieron la población mundial en tres grandes segmentos según su renta per cápita, estructurando una pirámide económica:

- ***Base de la pirámide***: es el segmento más bajo de renta per cápita del mundo. Está formado por unos 4.000 millones de personas cuyos ingresos anuales son inferiores a 3.000 dólares de poder adquisitivo local. Abarca a 2/3 de la población mundial.

- *Cuerpo central*: es la parte intermedia de la pirámide, formada por una población entre 1.500 y 1.700 millones de personas cuyos ingresos anuales se sitúan entre 3.000 y 20.000 dólares de poder adquisitivo local.
- *Cúpula de la pirámide*: es la parte más alta de la pirámide, formada por unos 75-100 millones de personas con un poder adquisitivo local superior a los 20.000 dólares.

En la figura 1.1 podemos observar cómo se distribuye la población mundial y su riqueza.

FIGURA 1.1
Pirámide económica

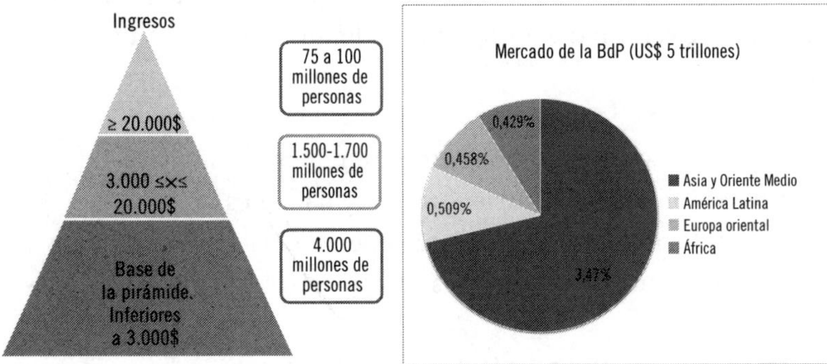

El mercado de la base de la pirámide se caracteriza por no tener satisfechas las necesidades básicas: carecen de agua potable, servicios sanitarios y atención médica básica y electricidad. Asimismo, por los productos y servicios básicos se pagan precios superiores a los que hay en los países desarrollados. Del mismo modo, tampoco disponen de cuentas bancarias, ni de teléfonos propios ni de derechos de propiedad de los bienes que posean.

De este modo, teniendo en cuenta la estructura piramidal anteriormente descrita, el potencial de mercado[1] de cada segmento queda del siguiente modo:

- ***Base de la pirámide***: en términos agregados, esos 4.000 millones de personas tienen un potencial global de compra de 12 billones de dólares en paridad de poder adquisitivo.
- ***Cuerpo central***: este segmento tiene el potencial mayor, pudiendo llegar a ser de 34 billones de dólares en paridad de poder adquisitivo.
- ***Cúpula de la pirámide***: en este caso, el potencial agregado puede ser superior a los 10 billones de dólares en paridad de poder adquisitivo.

El acceso a los mercados correspondientes al cuerpo central y a la cúpula de la pirámide ya han sido tratados ampliamente en la bibliografía empresarial. Aquí nos centraremos en el mercado de la base de la pirámide.

Desarrollando el mercado de la base de la pirámide existe la posibilidad de erradicar la pobreza mediante el desarrollo sostenible de los países afectados.

El acceso a los mercados de la base de la pirámide por parte de los organismos públicos y las empresas privadas puede tener dos enfoques claramente diferenciados:

- ***Enfoque tradicional***: según este enfoque, los países afectados necesitan una ayuda permanente en forma de caridad. En este enfoque, los participantes son sujetos pasivos a la espera de

[1] En el año 2010.

la buena voluntad de los países desarrollados. En este caso el desarrollo sostenible sería una utopía.

- *Enfoque sostenible*: en este enfoque se considera que el hecho de ser pobre no debería suponer la eliminación de los procesos de actividad económica. Es necesaria la participación activa del mercado de la base de la pirámide, tanto como consumidores como productores. Se trata de ver el mercado más como un conjunto de oportunidades que como un conjunto de ayudas. Según este enfoque, aunque difícil, el desarrollo sostenible sí es factible.

Para acceder a estos mercados de la base de la pirámide se requieren estrategias innovadoras que no repliquen los modelos ya existentes en los mercados desarrollados y cuyos procedimientos vengan inspirados directamente por las personas que forman parte de la base de la pirámide.

Focalizarse en los mercados de rentas bajas, lejos de disminuir el valor para el accionista dada la obtención de una elevada rentabilidad a medio y largo plazo, aporta una justificación adicional más altruista y que da más sentido a nuestra existencia: mejorar el nivel de vida ayudando a la supervivencia de muchas personas que viven en la pobreza más absoluta.

En definitiva, no podemos desarrollar la actividad empresarial maximizando el valor para un único grupo de interés. De entre los diferentes grupos de interés que forman una empresa (accionistas, clientes, empleados, proveedores, administración, sociedad en general, medioambiente, etc.), maximizar el valor para uno solo de los grupos de interés significa exprimir el valor de los restantes. En definitiva, hemos de mantener el equilibrio entre los diferentes intervinientes, del mismo modo en que mantenemos el equilibrio entre el corto, medio y largo plazo.

No existen suficientes recursos en la Tierra para prestar la caridad o ayuda que necesitarían los 4.000 millones de personas para satisfacer sus necesidades individuales. De este modo, se hace imprescindible el desarrollo de negocios sostenibles con capacidad para generar recursos por sí mismos para poder atender a las necesidades de la base de la pirámide.

La rentabilidad de los proyectos puestos en marcha es esencial para la captación de nuevas inversiones y permite diseñar soluciones con la escala suficiente para atender por completo los requerimientos de la sociedad.

En esta línea se debe actuar desde las áreas de negocio mediante un nuevo concepto como opción estratégica rentable que podría desarrollarse de forma que no produzca rechazos. Se trata de estrategias en la que todos los actores ganan (estrategias *win-win*): empresas, instituciones y el propio mercado de la base de la pirámide.

Hemos de llegar a comprender que los pobres no son el problema; ¡son la solución!

¿Qué pasará tras la crisis iniciada en 2007? ¿Qué clase de empresas sobrevivirán? Parece que otro tipo de capitalismo tomará el relevo. Un capitalismo que no excluya a determinadas sociedades, un capitalismo incluyente, además de los países desarrollados, de los países emergentes y los países en desarrollo.

Los escándalos de un buen número de multinacionales (Enron, WorldCom, etc.) han sido los primeros de una larga lista en salir a la luz pública, sobre todo a raíz de la crisis financiera de estos últimos años. Todo ello no ha hecho más que reforzar la mala imagen de las grandes corporaciones respecto a los intereses de la sociedad.

Asimismo, a finales de la década de 1990 se puso muy de moda en el contexto empresarial una frase que hoy en día todavía sigue siendo la razón de ser de muchas empresas. "Hay que maximizar el valor para el accionista", decían muchos CEO. Como se ha comentado anteriormente, desarrollar una estructura empresarial cuyo fin sea ganar dinero es el primer paso hacia un estrepitoso fracaso y la seguridad de una vida empresarial vacía de sentido y de contenido. El fin de cualquier empresa ha de venir ligado con el desarrollo de la sociedad en su concepción más amplia y, por tanto, la rentabilidad ha de ser un medio y no un fin en sí misma. Se necesita que la empresa gane dinero, por supuesto. Es lo que permite una realimentación de sus actividades y que ésta sea sostenible. Pero esa rentabilidad ha de ser con sentido.

El papa Juan Pablo II dijo que la finalidad de una empresa no es simplemente la generación de beneficios, sino más bien la existencia de ésta como comunidad de personas que, de varias maneras, buscan la satisfacción de necesidades fundamentales como personas y constituyen un grupo particular al servicio de la sociedad entera.

En la encíclica *Caritas in Veritate*, el papa Benedicto XVI nos dice que la economía y el mercado no son mundos independientes al de las relaciones humanas, personales o familiares. La globalización mal gestionada produce pobreza y desigualdad. Si el mercado se rige sólo por la equivalencia de los bienes, no produce cohesión social. La lealtad, la confianza, el espíritu de servicio o la generosidad son valores gratuitos que hacen posible el mundo de los negocios.

El papa Francisco, en palabras recogidas en los medios de comunicación con ocasión de la XXVIII Jornada Mundial de la Juventud en Brasil, nos pide una visión humanista de la economía para eliminar las causas de la pobreza. Asimismo, en la exhortación apostólica Evangelii Gaudium, indica la necesidad de la cooperación para resolver las causas estructurales de la pobreza y promover el desarrollo integral de los pobres. Afirma: "Nuestro sueño vuela más alto. No hablamos sólo de asegurar a todos la comida, sino de que los pobres tengan 'prosperidad sin exceptuar bien alguno'". Es necesario que se haga realidad la disminución de la pobreza a través del trabajo digno y no del asistencialismo eterno, que transforma a la persona en dependiente de quien lo da.

Uno de los principales problemas que se dan en los países emergentes o en vías de desarrollo no es su extrema pobreza, que también lo es, sino la dificultad de acceso al capital derivado de la inexistencia de derechos de la propiedad privada. Sin derechos de propiedad privada, las personas físicas y las jurídicas no tienen seguridad para acceder a los mercados organizados y se ven obligadas a acceder a los mercados ilegales para desarrollar su actividad. En general, las personas en los países en desarrollo tienen la capacidad de ahorrar dinero y de desarrollar habilidades empresariales. Sin embargo, al no poder tener un soporte documentado de sus actividades por la falta de propiedad privada, no hay la posibilidad de generar valor.

Hasta el momento, ya ha habido un buen número de empresas que se han acercado al mercado de la base de la pirámide. En general, su proceder ha sido mediante un enfoque tradicional, replicando los modelos de negocio puestos en marcha en los países desarrollados y retocando ligeramente los precios, los productos o servicios y los procesos de fabricación. Sin embargo, este modo de actuar no permite que las multinacionales se sumerjan por completo en la base de la pirámide, tratando de avanzar en él sin comprenderlo exhaustivamente y, por tanto, generándose un rechazo al mismo por parte del mercado al no satisfacer plenamente sus necesidades.

La dificultad de realizar cambios en los procedimientos y en los modelos de negocio son frenos al intercambio comercial entre ambos mundos. Esto hace que el mercado de la base de la pirámide sea olvidado y autosatisfaga sus necesidades mediante los mercados locales, generalmente corruptos e ineficientes. Hoy en día, más de la mitad de la actividad económica en los países emergentes se desarrolla ilegalmente.

Hay que destacar el importante papel que han de desarrollar los gobiernos, la sociedad civil y las ONG para colaborar con la empresas en el acceso a la base de la pirámide. En los mercados de rentas bajas, las relaciones informales y los contratos sociales adquieren especial relevancia. A modo de ejemplo, en los países musulmanes se establecen los préstamos *halal* basados tan sólo en la palabra dada. El factor social es vital y por ello se necesita la colaboración de organizaciones con mucha experiencia en estos mercados, como son los gobiernos locales, la sociedad civil del propio país y las ONG implantadas en la zona geográfica a la que se desee acceder. Desafortunadamente, muchas organizaciones son vistas con recelo dados los numerosos escándalos de corrupción y expolio, lo que genera una falta de confianza que es básica para establecerse en este nuevo mercado. La empresa privada ha de ser capaz de liderar el cambio, reinstaurando la confianza que permita ganancias para todos.

LA CLAVE DEL ÉXITO: SER, HACER, TENER

La clave del éxito para abordar este mercado, al igual que muchos otros objetivos en la vida, es tener claras las ideas y saber ordenar estas palabras conforme a una ecuación que define su existencia.

La ecuación es:

SER + HACER = TENER

Desarrollo social	Estrategias ligadas al territorio	Generación de beneficios

Deben estar ordenadas necesariamente en este orden y los símbolos matemáticos que hay entre ellas deben ser exactamente esos. No hay otra posible ecuación que dé lugar al éxito.

Necesitamos que las empresas tengan claro cuál es su razón de SER e incorporarlo a la misión. El desarrollo social debe formar parte del ADN empresarial de cualquier empresa que quiera acceder a este mercado.

Una vez se tiene claro lo que se quiere ser, hay que definir una serie de cosas o pasos a HACER. Y este HACER tiene mucho que ver con las estrategias con que se aborde el mercado, que han de estar muy ligadas al territorio, adquiriendo especial relevancia los actores que mejor conocen el terreno, incluyendo a las propias personas que forman la base de la pirámide.

La buena combinación de SER + HACER nos dará el TENER. Es decir, obtendremos unos resultados, entre los que debe estar la generación de beneficios que permitan el desarrollo sostenible y realimente la ecuación para que el SER no deje nunca de existir.

Conclusiones

El gran reto del mercado que deseamos abordar es que sea el propio mercado de la base de la pirámide una incubadora de una nueva y global competitividad de las empresas, siendo liderada por las compañías privadas que trabajan en dichos países. Es decir, que los desarrollos y la innovación elaborada para acceder al mercado de la base de la pirámide permita el desarrollo social de este segmento y sirva para conseguir un nuevo orden económico en los mercados desarrollados.

Por tanto, el mercado de la base de la pirámide puede desempeñar un papel muy importante como agente transformador del sistema económico actual a un nuevo sistema que debe existir en un futuro próximo.

El poder de compra de los 4.000 millones de personas hasta ahora olvidados debe ser un foco de especial relevancia para las empresas para conseguir rentabilidad empresarial y el desarrollo social sostenible con capacidad para erradicar la pobreza en el mundo.

[Capítulo 2]

Enfoque al mercado

PROFUNDIDAD DEL MERCADO

En este capítulo trataremos de plantear cuál es el mercado potencial a tener en cuenta por parte de las empresas privadas que permite tener un crecimiento rentable, lo que permite a su vez atisbar una primera fase de reducción de la pobreza existente.

La teoría del desarrollo social en la base de la pirámide podría estructurarse en tres puntos:

- Las empresas privadas pueden desarrollar negocios rentables dado el tamaño del mercado.
- Desarrollar los negocios en las zonas de la base de la pirámide podría contribuir al principio de la erradicación de la pobreza en el mundo.
- Las empresas multinacionales deben jugar un rol de líderes en el proceso de integración de los países pobres en el mercado mundial.

Para acceder a los mercados de la base de la pirámide habrá que innovar en todos los aspectos, ya que no será posible clonar los modelos actuales de negocio elaborados para abordar los mercados desarrollados. El mercado de la base de la pirámide es más frágil y configura un segmento de población diferente al segmento minoritario (el de los países desarrollados, que es muy inferior a 1/3 de la población mundial).

El mercado de la base de la pirámide está formado por 4.000 millones de personas con unos ingresos per cápita de unos 3.000 dólares. Esto supone que cada individuo dispone de 8,21 dólares al día para sobrevivir. El Banco Mundial sitúa el umbral de extrema pobreza en una renta individual entre los 1,25 dólares y 2 dólares diarios. Asimismo, según las previsiones, el Banco Mundial estima que en los próximos 40 años la población en el segmento de la base de la pirámide podría crecer hasta los 6.000 millones de personas, lo que supone un crecimiento del 50 por ciento.

Naturalmente, cada individuo por separado no tiene suficiente poder adquisitivo como para ser protagonista económico para las empresas. Pero sí lo tiene como potenciales consumidores en términos agregados, dado que hablamos de una economía con un PIB de más de 13.000 billones de dólares en paridad de poder adquisitivo[2].

En general, podría ser necesario disponer de una definición de pobreza absoluta que permita las comparaciones entre los diferentes países y el análisis en diferentes épocas para conocer la evolución de la misma. También sería conveniente disponer del concepto de pobreza relativa, que sea sensible a los cambios en el nivel de vida y a las diferentes situaciones económicas de cada país. De este modo, por ejemplo, alguien en los Estados Unidos puede ser considerado como pobre a pesar de que disponga de unos ingresos mayores al ingreso medio de una persona de la India. En este sentido, una de las definiciones comúnmente aceptadas de pobreza relativa es que se considera pobre aquella persona cuyos ingresos son menores al 50% de la media de ingresos individuales en un país determinado.

Sin embargo, el objetivo de este libro no es analizar en profundidad las diferencias entre los distintos métodos de estimación de la pobreza. Tan sólo es necesario destacar que existe un número muy elevado de personas que vive en situación de pobreza y que podría

---

[2] Prahalad, 2005.

suponer un enorme mercado potencial que las empresas privadas no deberían ignorar.

LA EMPRESA Y SU ACERCAMIENTO AL MERCADO

Como hemos comentado anteriormente, según el Banco Mundial la población mundial es de más de 7.000 millones de personas. De ellas, más de 4.000 millones se encuentran en la base de la pirámide. Geográficamente se sitúan principalmente en África, Asia, Europa oriental, América Latina y el Caribe.

En general, el segmento de la base de la pirámide se caracteriza principalmente por vivir en un ámbito rural en el que la economía informal domina los mercados y estar mal atendido. No obstante, las características de la base de la pirámide no son iguales en todos los países, y existe pobreza tanto en ámbitos rurales como urbanos.

En cuanto a la distribución del gasto, la alimentación es la necesidad básica principalmente atendida. Sin embargo, a medida que los ingresos aumentan, el peso de la alimentación en el gasto familiar disminuye. La inversión en vivienda permanece relativamente constante y el gasto en transporte y telecomunicaciones crece rápidamente.

Distribución geográfica

El mercado de la base de la pirámide se distribuye del siguiente modo:

- ***Asia, incluyendo Oriente Medio.*** Es la zona geográfica que cuenta con mayor población dentro de la base de la pirámide. Son 2.860 millones de personas con unos ingresos agregados de 3.470 miles de millones de dólares. Esto supone el 83% de la población total y el 42% del poder de compra de la zona.
- ***Europa oriental.*** Allí viven 254 millones de personas con unos ingresos agregados de 458 miles de millones de dólares, lo que

supone el 64% de la población y el 36% de los ingresos de la región.

- ***América Latina.*** Se trata de un mercado potencial de 360 millones de personas y 509 miles de millones de dólares de ingresos conjuntos. En términos relativos supone el 70% de la población y el 28% de los ingresos.
- ***África.*** El mercado lo forman 486 millones de personas con unos ingresos agregados de 429 miles de millones de dólares. En África, la base de la pirámide es el mercado dominante.

En la figura 2.1 se puede apreciar gráficamente esta distribución.

FIGURA 2.1

Población e ingresos agregados de la población de la base de la pirámide

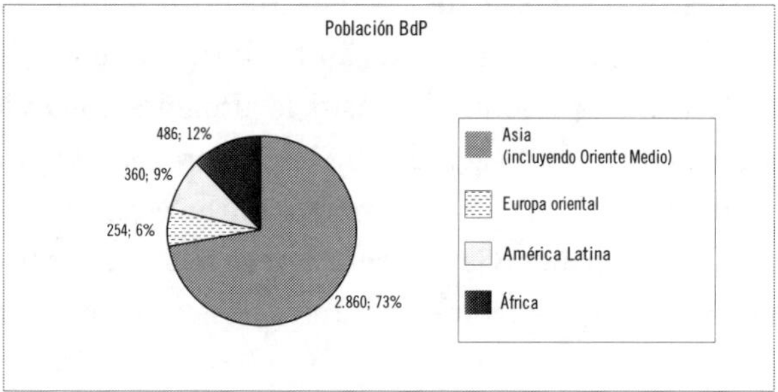

Cifras en millones de personas

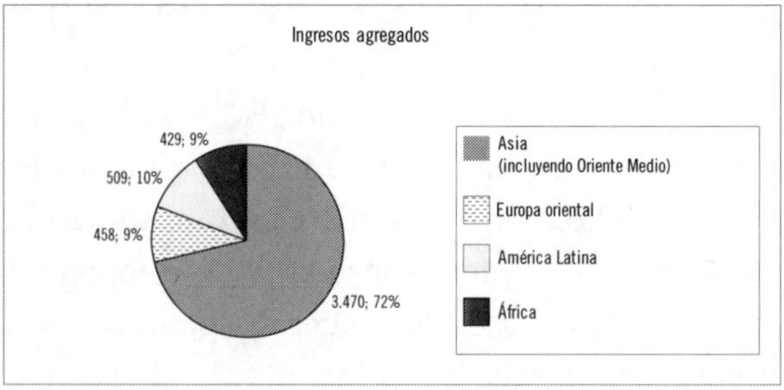

Cifras en miles de millones de dólares

Distribución sectorial

En cuanto a los mercados sectoriales, existe una gran variación respecto al tamaño. El sector de mayor tamaño es el de la alimentación; los de tamaño medio son los de la energía, la vivienda, el transporte y la salud, y los de menor tamaño son los de las TIC (tecnologías de la información y las comunicaciones) y el agua. De todos modos, cabe indicar que el sector de las TIC está creciendo vertiginosamente. Respecto al agua, aunque es el sector de menor tamaño, es potencialmente enorme, tal como se verá más adelante.

En la figura 2.2 se puede ver el tamaño de cada sector.

FIGURA 2.2
Distribución y sectores de actividad en la base de la pirámide

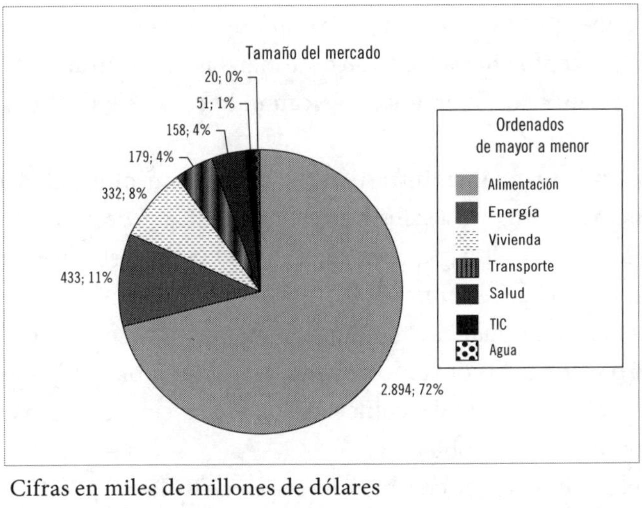

Cifras en miles de millones de dólares

En relación a cuánto gastan los hogares en el mercado de la base de la pirámide, cabe indicar que el promedio de gasto en los hogares de América Latina es mayor que en otras regiones.

FIGURA 2.3
Gasto medio anual en dólares por hogar en el mercado de la base de la pirámide

	TIC	Atención médica	Alimentos
África	34	154	2.087
Asia	54	131	2.643
Europa oriental	56	2.152	3.687
América Latina	107	325	3.050

FUENTE: Hammond *et al.* (2007).

La localización de cada sector puede ser urbana o rural en función del país. En general, en las áreas urbanas de todas las regiones dominan los sectores del agua, TIC y vivienda. Los sectores de transporte y energía también tienen un comportamiento eminentemente urbano, excepto en Asia, donde dominan las áreas rurales. Alimentación y salud son mercados básicamente rurales en los países de África y Asia.

Haciendo un análisis intrasectorial en mayor profundidad, el gasto principal en cuanto a salud y atención médica se destina a productos farmacéuticos. En lo que se refiere a las TIC, el gasto en el servicio telefónico es el predominante.

En cuanto al agua, hay muchos hogares de la base de la pirámide que no pagan por el consumo de agua. En África, por ejemplo, el agua superficial y los pozos descubiertos son el principal recurso hídrico de gran parte de la población.

En el sector energético, el acceso a la electricidad es prácticamente universal en Europa oriental y muy generalizado en Asia y América Latina. Sin embargo, es muy limitado en África.

El mercado de la base de la pirámide va a ser un mercado creciente en las próximas décadas. Por un lado está el crecimiento de la población, que es mucho mayor en los países en vías de desarrollo que en los países desarrollados. Por otro, la brecha entre ricos y pobres es creciente. Según la ONU, en 1960, el 20% de las personas acumulaba el 70% de la riqueza generada; en el año 2000, ese 20% de personas acumulaba el 85% de la riqueza mundial.

ROMPIENDO PARADIGMAS

El mundo desarrollado sigue teniendo en cuenta muchos paradigmas en cuanto a los países de los mercados de la base de la pirámide. En la medida en que se superen estos paradigmas, el acceso a los mercados de la base de la pirámide será posible.

Los paradigmas[3] que hay que romper son:

1. ***Los pobres no son nuestros clientes objetivo: no pueden comprar nuestros productos o servicios***
   Hay que tener en cuenta un enfoque diferente. Se trata de analizar el poder de compra agregado en vez del individual. Como se verá más adelante, se trata de cambiar el enfoque tradicional de trabajo por parte de las empresas multinacionales. Las empresas están obligadas a reconsiderar sus políticas de precios y de costes, ya que de lo contrario no podrán acceder al mercado de la base de la pirámide e incluso les será muy complicado mantener sus posiciones en los mercados de países desarrollados.
2. ***Los pobres no pueden hacer uso de los productos que se venden en los países desarrollados***
   Uno de los enfoques más tradicionales de las empresas ha sido desarrollar estrategias centradas en producto, dejando de lado las estrategias centradas en atender necesidades. De este modo, el producto se desarrolla en sí mismo y no atendiendo a las soluciones que éstos aportarían. Para abordar los mercados de la base de la pirámide es fundamental la innovación que aporte soluciones rentables a precios razonables, aunque sea con un

[3] Prahalad y Hammond, 2002.

margen inferior. Hay que ser capaces de entender las necesidades como problemas a resolver y los productos como soluciones a dichos problemas, tal como se expresa en la figura 2.4.

FIGURA 2.4
Nuevo paradigma frente a viejo paradigma

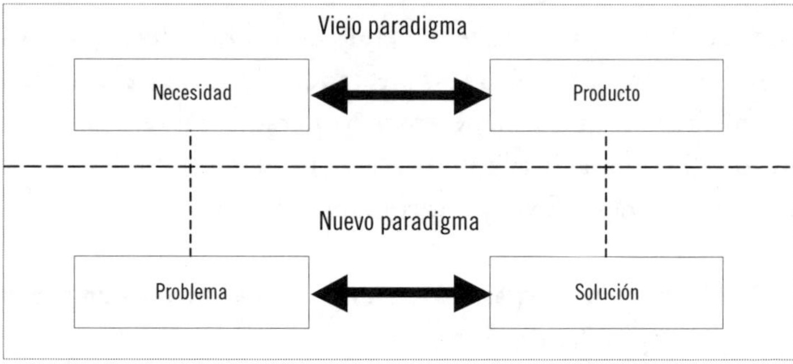

3. ***Sólo los países desarrollados aprecian y pagan las innovaciones tecnológicas***
   Como en tantas otras ocasiones, el problema radica en cómo se enfoca. No se trata de que el mercado de la base de la pirámide no valore la innovación; lo que sucede es que ésta se ofrece desde la perspectiva de los países desarrollados, que no se corresponde con las necesidades de los mercados que deseamos abordar.
4. ***El mercado de la base de la pirámide no es esencial para el crecimiento y desarrollo a largo plazo de las empresas multinacionales***
   En este punto cabe resaltar que el mercado de la base de la pirámide es el mercado más importante del mundo por demandas potenciales de productos o servicios. Asimismo, es esencial por su capacidad de compra agregada. En las circunstancias económicas actuales, las empresas privadas no pueden permitirse el lujo de menospreciar este segmento de la población. Este para-

digma trasluce el orgullo y soberbia que, en general, adolecen las economías desarrolladas que consideran que nada pueden aprender de los países de la base de la pirámide. Cabe indicar que, si se accede a los mercados de la base de la pirámide con la suficiente dosis de humildad, se podrá constatar que los modelos desarrollados para acceder a este segmento permitirán elaborar productos y servicios de manera más eficiente y rentable, contribuyendo a mejorar la eficiencia de los mercados de países desarrollados.

5. ***La capacidad intelectual se encuentra en los mercados desarrollados. Es muy difícil reclutar ejecutivos para los mercados de la base de la pirámide***
   Hasta la crisis actual de 2008, muchas empresas estaban centradas en el beneficio a corto plazo y la especulación permanente. Cada vez más, está apareciendo una corriente de directivos más centrados en los valores y virtudes esenciales del ser humano (honradez, bondad, prudencia, respeto, solidaridad, etc.). Esta clase de directivos dirigirán proyectos que ayuden a equilibrar el mundo, tanto económica como socialmente.
6. ***Capacidad de consumo basada en el acceso al crédito***
   El acceso al crédito es un multiplicador del consumo, lo que facilita el desarrollo de las economías. Recurrentemente se ha dicho que la base de la pirámide no puede generar suficiente beneficio para pagar sus deudas y, por tanto, no puede acceder al crédito. Cabe decir que el único camino para ayudar a las economías pobres no es que consuman más, sino que tengan más ingresos reales. Disponer de más ingresos y, sobre todo, de la estabilidad en la generación de los mismos, facilitaría sobremanera el acceso al crédito. Esto se puede conseguir reduciendo el precio de los productos o incrementando los ingresos directamente. En cuanto a reducir los precios, la alternativa más realista es reducir el coste vía la reducción de la calidad de los productos (hasta lo aceptable por el mercado de la base de la

pirámide). La generación de ingresos reales vendrá de la mano del desarrollo económico futuro de los países de la base de la pirámide.

7. ***Hacer realidad las demandas del mercado de la base de la pirámide mediante "la educación" del consumidor y el desarrollo sostenible***
En general, vivimos en una sociedad consumista, que fomenta a todas horas el consumo hasta límites insospechados. Esta perspectiva consumista explota aún más a los mercados pobres "educándolos" a consumir una variedad de productos sin casi dejarles decidir previamente cómo maximizar sus utilidades. Para evitar esta tendencia, hay que centrarse en la base de la pirámide en su rol como productores y, por tanto, aparte de educar al consumidor, deberemos educar también al productor.
8. ***Crear soluciones de distribución y comunicación que permitan el acceso de las personas de la base de la pirámide al mercado***
Además de desarrollar los productos de forma innovadora para que sean accesibles por el mercado de la base de la pirámide, se deben desarrollar sistemas de distribución y comunicación que faciliten el acceso a zonas rurales, ya que suelen ser las más incomunicadas y pobres. Para ello, debemos exigir a las multinacionales que no sólo se limiten a exportar sus productos a estos mercados sino que apuesten estratégicamente por localizar en ellos sus bases de operaciones.
9. ***Crear productos adecuados a las necesidades locales del mercado mediante una innovación desde los propios países de la base de la pirámide hacia los países desarrollados (estrategias* "bottom-up"*)***
Los productos o servicios deben ser diferentes a los concebidos en los mercados desarrollados, deben satisfacer las necesidades de los consumidores no tradicionales y, por tanto, deben ser de aplicación en la realidad de los mercados de la base de la pirámide. No sería eficiente plantear el mismo esquema de

trabajo en el mercado de la base de la pirámide que en los países desarrollados. Es decir, la innovación no se debería importar, sino que debería ser creada in situ para que permita adaptarse de forma más adecuada a las necesidades locales.

PRINCIPIOS DE INNOVACIÓN PARA ACCEDER AL MERCADO

Uno de los problemas habituales de las empresas que han querido acceder a los mercados de la base de la pirámide ha sido tratar de centrar la innovación del mismo modo que se hace en los países desarrollados. Así se consiguen algunas aproximaciones, pero en ningún modo se logra satisfacer plenamente las necesidades locales dado el desconocimiento del mercado que se intenta abordar. Por ello, las innovaciones requeridas no deben estar referenciadas a las innovaciones clásicas para poderse adaptar perfectamente al nuevo mercado. En 2005, el autor C. K. Prahalad, detalla 12 principios de innovación para operar en los mercados de la base de la pirámide.

1. ***El rendimiento de los precios.*** El centro de atención debe estar en los precios de los productos y servicios. No se trata sólo de ofrecer precios más bajos, sino de crear un sistema de fijación de precios acorde a la realidad cultural de la base de la pirámide.
2. ***La innovación: soluciones híbridas.*** Los problemas de los consumidores de la base de la pirámide no pueden resolverse con las viejas tecnologías. La mayoría de soluciones necesitan tecnologías avanzadas y emergentes combinadas de forma creativa con las infraestructuras existentes.
3. ***Escalabilidad de las operaciones.*** Teniendo en cuenta la gran dimensión de los mercados de la base de la pirámide, las soluciones que se desarrollen deben poder ser escalables (incrementar su escala) y transportables entre los diferentes países, culturas e

idiomas. Así, las soluciones deben diseñarse para que se adapten con facilidad a mercados similares de la base de la pirámide.

4. ***Medioambiente: conservación de los recursos.*** Los mercados desarrollados están acostumbrados al desperdicio de recursos. Todas las innovaciones deben concentrarse en la conservación de los recursos: eliminar, reducir y reciclar.
5. ***Alta comprensión de la funcionalidad de los productos.*** El desarrollo de los productos debe responder a una profunda comprensión de las necesidades a atender y, por tanto, la funcionalidad no debe responder sólo a la forma de los mismos. No basta con cambios marginales en los productos elaborados para los países desarrollados.
6. ***Innovación en procesos.*** Además de las innovaciones en producto, son cruciales las innovaciones en procesos, como puede ser el sistema logístico para llegar a los consumidores.
7. ***Capacitación de la base de la pirámide.*** La mayoría de los mercados de la base de la pirámide son deficientes en cuanto a habilidades. La labor de capacitación de la población de la base de la pirámide es crucial para el éxito del acceso al mercado. El diseño de productos y servicios debe tener en cuenta los diferentes niveles de habilidades, la infraestructura deficiente y la dificultad de acceso en áreas remotas.
8. ***La "educación" de los clientes.*** La educación de la población de la base de la pirámide en el uso de los productos es una cuestión esencial. Habitualmente, la población de la base de la pirámide habita en zonas donde no llegan los medios de comunicación convencionales (prensa, radio, tv, internet, etc.), por lo que se requieren altas dosis de creatividad para hacer llegar el mensaje a los consumidores.
9. ***Robustez de los productos.*** Los productos deben poder funcionar en ambientes hostiles, teniendo que soportar polvo, ruido, infraestructuras deficientes, etc., como puede ser el caso de la electricidad o el agua.

10. ***Análisis en profundidad de los consumidores.*** En el mercado de la base de la pirámide se da una gran heterogeneidad en cuanto a idioma, cultura, niveles de habilidad, etc., lo que debe suponer un gran reto para el equipo de innovación.
11. ***La distribución, llegando al consumidor final.*** Es crucial el diseño de métodos para llegar a los pobres con costes bajos. En este sentido, la distribución desempeña un papel fundamental, para el acceso tanto a zonas rurales como a zonas urbanas.
12. ***Agilidad en la adaptación al mercado.*** La evolución económica y social de los mercados de la base de la pirámide puede ser, aunque no lo parezca a priori, muy rápida. Por ello, el equipo de innovación debe estar preparado para adaptarse de forma ágil y rápida a las nuevas situaciones y que los procesos no comporten soluciones excesivamente estáticas, y hay que ser capaz de revisar constantemente los paradigmas existentes, con una mentalidad abierta y un permanente enfoque al mercado.

ERRADICACIÓN DE LA POBREZA

En 1943, el psicólogo Abraham Maslow formuló *Una teoría sobre la motivación humana* en la que se describe una serie de necesidades humanas en forma de jerarquía de modo que a medida que los individuos van satisfaciendo las necesidades más básicas, acceden al desarrollo de las necesidades de mayor nivel. Estas necesidades se agrupan en diferentes niveles formando una pirámide, de forma que las que están en la zona superior sólo se acceden una vez se han satisfecho las que se encuentran por debajo. En el gráfico de la página siguiente se indica la pirámide con sus diferentes niveles.

En este sentido, es conveniente matizar que, antes de dotar de conocimientos a la población del mercado de la base de la pirámide, está la supervivencia como factor significativo y crucial. Así, se tratará de facilitar al mercado de la base de la pirámide, los productos y servicios básicos para que puedan vivir con la finalidad de erradicar la pobreza en el mundo, generando actividad económica beneficiosa para los países de la base de la pirámide.

FIGURA 2.5
Pirámide de Maslow

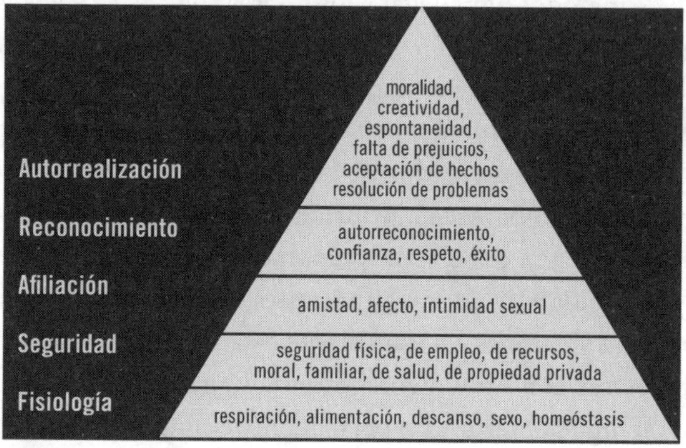

De este modo, los pasos lógicos a seguir propuestos en este libro irían alineados con la teoría de Maslow, y serían, por este orden:

1. Supervivencia
2. Conocimientos
3. Libertad

El profesor de IESE Business School, Juan Antonio Pérez López, decía que existen tres tipos de motivaciones humanas: extrínsecas, intrínsecas y trascendentes:

- La motivación extrínseca surge a partir de incentivos externos que provocan efectos directos sobre la persona.
- La motivación intrínseca surge a partir de la propia actividad, que provoca bienestar en quien la hace, y desarrolla una mayor participación en las decisiones y el aprendizaje.

- La motivación trascendente surge de la afinidad entre los valores de las personas a partir del bien que se logre sobre otras personas.

Cubrir las necesidades de alimentación y agua son factores básicos. Para lograr la supervivencia, las estrategias de distribución desarrollan un papel clave, ya que las zonas rurales de la base de la pirámide concentran la gran demanda de productos de alimentación, que son críticos para esta población.

Hay que poner de manifiesto que los países de la base de la pirámide gastan el 80% de sus ingresos en bienes de primera necesidad. Para poder lograr que la población de la base de la pirámide pueda acceder a los productos básicos, los agentes implicados deben combinar costes de productos o servicios inferiores a los habituales y cierta calidad en los mismos (eficiencia óptima). Alcanzar costes menores implica realizar un completo estudio sobre cómo se fabrica, se desarrolla y se distribuye un producto. Los costes de servir a la base de la pirámide son muy altos, ya que la dispersión geográfica es elevada, especialmente en las zonas rurales. Esta dispersión eleva los costes de distribución y de comunicación, dificultando así las economías de escala. En cuanto a la calidad de los productos, hay que tener en cuenta su resistencia a diversas climatologías, así como a su transporte y almacenamiento.

Las premisas de costes bajos, calidad aceptable, sostenibilidad y rentabilidad están sometidas a un fuerte proceso de innovación, sin el que no podrían hacerse realidad los nuevos modelos de negocio que deben desarrollar las empresas privadas.

EL PAPEL DE LAS MULTINACIONALES Y LAS ONG

La crisis económica iniciada en 2008 ha cambiado y cambiará notablemente la visión de negocio de muchas empresas multinacionales.

Con anterioridad a la crisis, los recursos de las empresas eran un baluarte para liderar el acceso al mercado de la base de la pirámide. Sin embargo, a partir de la crisis las empresas que sobrevivan deberán ser muy eficientes gestionando sus recursos si quieren acceder al mercado de la base de la pirámide.

Las multinacionales pueden crear una base local de soporte político. En general, los entes locales notan de forma relevante las mejoras en la integración con el mercado y la empresa multinacional llega a crear un vínculo emocional que puede ser transformador en la percepción que la población pueda tener de la misma.

En el futuro, las empresas que se desarrollen con fuerza en el mercado de la base de la pirámide serán las que cosecharán los mayores éxitos y liderarán el nuevo orden económico mundial. Aquellas corporaciones que, por desconocimiento, temor o falta de visión estratégica, no se introduzcan en este especial segmento de mercado quedarán, en su mayoría, marginadas y condenadas a un estancamiento cada vez mayor.

El desarrollo empresarial debe conjugar diferentes aspectos que vayan más allá de la mera generación de valor para el accionista. El valor empresarial se sostiene si se es capaz de coordinar una adecuada combinación del valor aportado a cada uno de los grupos de interés que forman la empresa: accionistas, empleados, clientes, proveedores, Administración, sociedad en general, medioambiente, etc. Si los máximos responsables de las empresas son capaces de convencer a los accionistas de que el mercado de la base de la pirámide es un mercado totalmente nuevo, inmenso e inexplorado, conseguirán generar valor empresarial en todos sus ámbitos y la sostenibilidad futura tendrá grandes posibilidades de éxito.

Otro de los factores importantes para el desarrollo de la población de la base de la pirámide son las ONG (Organizaciones No Gubernamentales). Las ONG son entidades de carácter civil o social cuyo funcionamiento es totalmente independiente de las instituciones gubernamentales y, por tanto, no están sujetas a determinadas decisiones partidistas. Han sido creadas para impulsar el bien común de la comunidad sobre la que interactúan sin ser su principal interés el económico. Su actividad se centra habitualmente en cubrir y ayudar aquellas áreas en las que no existen las acciones del Estado o de los organismos internacionales.

Las ONG son grandes conocedoras de las idiosincrasias que se dan en cada zona y suelen tener un papel importante entre la población de la base de la pirámide. Entienden las necesidades locales, ya que trabajan junto a la población de la base de la pirámide y están muy preparadas para hablar su mismo lenguaje cara a cara, lo que permite una comunicación mucho más eficiente. En este sentido, su colaboración con las empresas multinacionales que quieran acceder a los mercados de base de la pirámide es fundamental para que la innovación que se debe desarrollar esté basada en un conocimiento profundo de las necesidades de la población.

Se necesitan cubrir dos fases dentro de la relación que puedan establecer empresa-ONG:

- Primera fase: conocimiento mutuo. La empresa y la ONG deben trabajar conjuntamente en diferentes proyectos que les permita conocerse mutuamente y establecer la adecuada sintonía colaborativa entre ambas entidades.
- Segunda fase: implantación y aprendizaje. Se deben implantar proyectos sostenibles en los que las ONG aprendan de la experiencia del sector privado y las empresas multinacionales aprendan de la realidad local del mercado de la base de la pirámide.

Por otro lado, las empresas multinacionales pueden ser catalizadoras de los demás agentes que intervienen en el acceso al mercado, como son los gobiernos locales, los pequeños empresarios de la zona, las comunidades, las instituciones internacionales, etcétera.

ESTRATEGIAS DE ACCESO AL MERCADO

A la hora de elaborar las líneas maestras en que debe basarse la formulación de la estrategia, conviene plantearse una serie de cuestiones sobre las que reflexionar.

Algunas de estas preguntas podrían ser:

- ¿Cómo una compañía cambia su estrategia para que sea competitiva en el mercado de la base de la pirámide?
- ¿Qué tipo de modelo de negocio funciona en la base de la pirámide?
- ¿Cómo se pueden establecer vínculos de confianza en zonas en las que la economía informal suele ser predominante?
- ¿Cómo se utilizan las nuevas tecnologías en este tipo de mercados?
- ¿Cómo se desarrolla la infraestructura de educación social y de comunicación para llegar al consumidor de una forma estable?
- ¿Qué proporción de liderazgo local y global es el más adecuado?
- ¿Debemos adoptar la misma estrategia para todas las unidades de negocio dentro de un mismo país?
- ¿Debemos apostar por socios locales y, en caso afirmativo, cuáles deberían ser?

Estas y otras muchas cuestiones deben abordarse previamente para definir de forma adecuada las líneas maestras de la estrategia de acceso al mercado de la base de la pirámide.

En general, hay que tener en cuenta que el mercado de la base de la pirámide alcanza a más de 2/3 de la población mundial, pero que los modelos de negocio de las empresas de los países desarrollados no están adaptados para abordar este vasto mercado. Además, tras la crisis iniciada en 2008, incluso estos modelos de negocio están en entredicho y deberían ser reformulados para ganar credibilidad.

Por otro lado, las empresas, además de tener una motivación ética de poder influir en la erradicación de la pobreza, han de tener un enfoque de utilidad, ya que, obteniendo beneficios, pueden contribuir a la mejora social. No sólo es necesario ayudar; es necesario desarrollar la sociedad de forma sostenible.

Tras las primeras experiencias estratégicas llevadas a cabo por diferentes empresas, se han desarrollado dos generaciones estratégicas.

Primera generación estratégica

Cabe citar los siguientes puntos:

- La población de la base de la pirámide debe ser tenida en cuenta desde una doble óptica: como consumidor y como productor.
- Hay que tener en cuenta la realidad local de la base de la pirámide y escuchar atentamente sus necesidades.
- Se ha de reducir los precios hasta donde permita el desarrollo del producto con una calidad aceptable.
- Hay que rediseñar los formatos de los productos.
- Es necesario mejorar los canales de distribución de los productos.
- La colaboración con la población de la base de la pirámide es fundamental. Para ello hay que establecer vínculos con las ONG y buscar la colaboración de los gobiernos.

La estrategia de acceso a los mercados de la base de la pirámide se mueve entre dos aspectos opuestos condenados a entenderse: la globalización y la adaptación local.

"Be global, act local".

Segunda generación estratégica

A partir de la maduración de las diferentes estrategias desarrolladas para el acceso al mercado de la base de la pirámide, se está dando una segunda generación estratégica, en la que destacan los siguientes puntos:

- Considerar a la población de la base de la pirámide como socios.
- Dialogar intensamente con la población de la base de la pirámide.
- Hacer un esfuerzo imaginativo con respecto a las necesidades a satisfacer.
- Unir capacidades y crear compromisos compartidos.
- Tener una relación personal y directa facilitada por los agentes locales como son las ONG y los gobiernos de la zona.

En definitiva, esta estrategia de modelo de negocio evolucionada debe basarse en una relación personal, cercana y de inclusión social. Debe ser una estrategia que permita la cocreación, en que la ventaja competitiva se base en la capacidad de aprendizaje y la innovación, en la generación de confianza, en el desarrollo del capital social y en la contribución directa al desarrollo local.

UN NUEVO ORDEN ECONÓMICO

Estos nuevos modelos de negocio desarrollados en los mercados de la base de la pirámide se pueden trasladar a otros mercados de rentas más altas, generando así mayores crecimientos y elevadas rentabilidades. En general, es más fácil añadir costes a un modelo diseñado de forma eficiente que eliminarlos de un modelo menos rentable. El aprendizaje de las empresas que han accedido a los mercados de la base de la pirámide se podrá trasladar a los países desarrollados, haciendo que estos mercados se vuelvan, a su vez, más eficientes. El nuevo orden económico mundial que se impondrá contribuirá al desarrollo de políticas más eficientes y permitirán generar un desarrollo sostenible global.

MODELO DE NEGOCIO

El modelo de negocio que permite acceder al mercado de la base de la pirámide se compone de tres fases claramente diferenciadas.

Primera fase. Fase previa

El primer factor a tener en cuenta es la elección del lugar. Para ello se tiene que tener en cuenta la existencia de servicios, infraestructuras y personal disponible en la zona. En este punto adquiere especial relevancia el análisis del coste de la distancia entre culturas, administraciones, geografías y economías.

Se debe establecer un equipo que tenga claro que el objetivo que se busca es desarrollar el mercado de la base de la pirámide, con lo que la formación a los miembros del equipo es crucial. Las personas deben tener una amplia experiencia en los mercados emergentes y entender su filosofía de vida para poder plantear propuestas de valor que convenzan abiertamente a la población de la base de la pirámide. Es fundamental la honestidad del equipo impulsor del proyecto, así como tener paciencia y prudencia para invertir en proyectos con un retorno de la inversión (ROI) a medio y largo plazo. Residir durante un tiempo en el propio país facilitaría la comprensión del mercado.

La elección de un socio local mejora el diálogo entre la empresa y la comunidad de la zona. Asimismo, la ausencia de instituciones formales que protejan la propiedad privada hace que sea clave desarrollar relaciones de ámbito local, creando así el capital social necesario para superar este obstáculo.

El acuerdo a establecer con el socio local debe ser dentro de un marco de coparticipación (beneficios, acciones, etc.) y la participación económica debe ser justa en función de su aportación.

Conviene establecer alianzas con los gobiernos locales, pequeños emprendedores y organizaciones sin ánimo de lucro en vez de actuar con socios más convencionales, como pueden ser gobiernos centrales o empresas de gran dimensión.

Se debe generar un clima de transparencia que permita conocer quién es quién antes de decidir con quien nos asociamos.

La innovación debe ser el motor del cambio de modelo necesario para abordar el mercado de la base de la pirámide. Esta innovación fluye más cuando existe la paciencia necesaria en la consecución de resultados. Asimismo, es recomendable que la fuente de generación de innovación esté cerca de los consumidores finales. Todo ello conduce a que el equipo de innovación sea un mix entre personas locales y de la empresa; pero su ubicación es conveniente que sea local, junto al mercado que se quiere desarrollar.

Segunda fase. Fase de construcción del ecosistema

La segunda fase debe permitir la construcción del ecosistema y se compone de dos etapas.

- Etapa de apertura.
    - Establecimiento de un profundo diálogo entre las partes implicadas.
    - Formación del equipo de trabajo que representará a la comunidad local.
    - Desarrollo de una mentalidad de emprendedores por parte de las comunidades representadas para que puedan trabajar como socios.
    - Puesta en común de las necesidades y de cómo los productos van a resolver esas necesidades, y concreción de una propuesta de valor adecuada, desarrollando el concepto de cocreación del negocio.
- Etapa de construcción del ecosistema.
    - Inicio del proceso de transición hacia una organización formal.

- Compromiso por parte de las empresas privadas con todos los pasos a seguir para establecer un acuerdo definitivo.
- Desarrollo de nuevas capacidades, con un enfoque distinto en la creación de los productos, basado en el codesarrollo.
- Creación del prototipo de negocio con todos los agentes implicados, iniciando la interacción con la propia comunidad para optimizar el proceso.

Tercera fase. Fase de creación de la empresa o de colaboración

El mercado de la base de la pirámide está muy disperso geográficamente, con lo que las necesidades iniciales descritas en la fase previa serán muy diferentes en esta fase de consolidación del negocio.

Si se quiere entrar en estos países con marcas conocidas, los líderes de opinión locales son fundamentales para que se fomente el consumo de estos productos.

El arranque del proyecto a primera escala debe ser diseñado para que la comunidad piloto inicial ajuste las deficiencias existentes en base a un permanente proceso creativo. El propio talento que surja de la población de la base de la pirámide puede ser un activo importante para gestionar las empresas en los próximos años.

En el futuro se va a producir una transformación económica y social y las empresas que operen en los mercados de la base de la pirámide serán las grandes protagonistas.

Conclusiones

El reto es audaz: descubrir cómo los países pobres pueden ser más relevantes en el orden económico mundial que los países más desarrollados de Europa y América del Norte sin tener sus vicios estructurales.

En la última década, numerosas empresas de los países desarrollados están siendo protagonistas negativas por sus malos resultados económicos. Estos resultados negativos provocan despidos masivos de trabajadores con un impacto social y económico terrible, dañando el actual orden económico mundial.

El mercado de la base de la pirámide está formado por más de 4.000 millones de personas con unos ingresos anuales inferiores a 3.000 dólares de poder adquisitivo local, lo que constituye una economía agregada superior a los 13.000 billones de dólares.

Las empresas privadas y las grandes multinacionales han de ser los principales agentes del cambio y convertir ese mercado en una buena oportunidad de negocio, desarrollando socialmente la población de la base de la pirámide. La base a la hora de generar negocio debe ser la innovación permanente, en especial la desarrollada localmente. Hay que tener siempre en mente que es necesario olvidarse de los sistemas tradicionales y romper con los paradigmas convencionales.

El sector de la alimentación, que llega a suponer un gasto de hasta el 80% de los ingresos generados, domina los presupuestos de las familias de la base de la pirámide.

Las acciones comerciales a ejecutar deben permitir que la población de la base de la pirámide acceda al crédito para incrementar sus ingresos y, a su vez, el poder de compra. Para ello, el precio de los productos se debe reducir hasta donde permita una calidad aceptable por la población de la base de la pirámide.

El mercado de la base de la pirámide es disperso y rural; por ello es necesario innovar en la distribución y en la comunicación.

La población de la base de la pirámide debe poder sobrevivir accediendo a los productos básicos y tiene la capacidad de adquirir los conocimientos suficientes para aportar valor en su desarrollo y alcanzar la libertad para forjarse su propio destino.

Las alianzas con los agentes locales como pueden ser ONG, gobiernos y emprendedores de la zona son fundamentales.

Las empresas multinacionales han de ejercer el liderazgo, aglutinando los esfuerzos de las pequeñas y medianas empresas que operen localmente. A su vez, han de establecer una coparticipación en el negocio basado en la transparencia y la confianza.

De vender a cocrear. Hay que evolucionar de una estrategia de vender al mercado de la base de la pirámide a una estrategia de cocreación de negocio. El conocimiento y aprendizaje de la propia organización local desempeñan un papel principal en el desarrollo del negocio.

Las fases en el diseño del modelo de negocio son las siguientes:

- Fase previa:
  - Selección del proyecto adecuado.
  - Establecimiento de un equipo multidisciplinar.
  - Selección del socio local apropiado.
  - Innovación como motor de cambio y paciencia para alcanzar los objetivos.
- Fase de construcción de ecosistema, donde el diálogo y la confianza son los facilitadores claves para el éxito del proyecto.
- Fase de creación de la empresa. En este caso, la adaptación al cambio permitiendo la reformulación constante del proyecto es un factor clave.

Un nuevo orden económico mundial va a surgir. Formular una estrategia ganadora puede permitir el desarrollo sostenible de los países de la base de la pirámide y su integración en el comercio mundial. De este modo conseguiremos reducir de forma importante los niveles de pobreza consiguiendo no sólo que sobrevivan, sino que se desarrollen socialmente y alcancen su libertad.

[Capítulo 3]

El mercado en cifras y datos

OBJETIVOS

El propósito de este capítulo es exponer una breve pero contundente serie de indicadores económicos y sociales y analizar los niveles de deuda pública y externa. Asimismo, se revisa el comercio mundial de productos alimenticios.

En este capítulo también se analiza el potencial de los países de la base de la pirámide, potencial que puede permitirles tener protagonismo en el panorama económico mundial. Esta evolución será posible siempre que las economías de los países de la base de la pirámide puedan participar cada vez más en el mercado mundial de alimentos, sobre todo en el de alimentos básicos de primera necesidad.

INDICADORES SOCIALES Y ECONÓMICOS

Para poder realizar una comparativa de la evolución de diferentes países, se tienen en cuenta los siguientes indicadores, comparando las diferentes tendencias desde los años 1950-1970 hasta 2007:

- PIB real per cápita
- Nivel de analfabetismo
- Esperanza de vida

En la figura 3.1 se puede apreciar la evolución del PIB real per cápita en el período 1950-2007, en precios corrientes de cada zona, de países emergentes tales como Brasil, China, India o Marruecos, y de países más anclados en la base de la pirámide, tales como Angola, Etiopía, Costa de Marfil, Bangladesh y Guatemala.

FIGURA 3.1
Comparativa del PIB real per cápita (1950-2007)

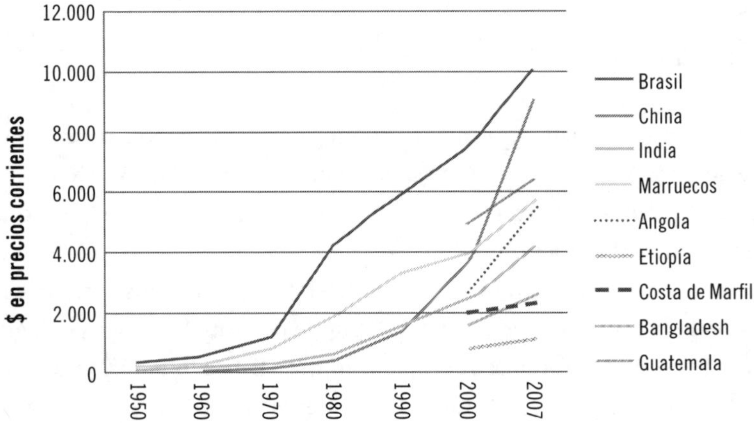

FUENTE: Penn World Table 6.3. | (Consulta: 16 de noviembre de 2009)

Aunque la diferencia continúa siendo significativa, se puede apreciar que en los últimos 50 años, países que hoy se consideran emergentes han tenido una evolución positiva y rápida. Se puede observar que, ya en el año 2000, el PIB per cápita de los países anclados en la base de la pirámide es superior al de los países emergentes en 1950. Una conclusión contundente es que la evolución que han tenido los países emergentes también puede darse en los países en vías de desarrollo, incluso en plazos inferiores.

En cuanto al nivel de analfabetismo, en la figura 3.2 se puede observar una comparativa mundial entre los años 1970-2005.

FIGURA 3.2
Comparativa del nivel de analfabetismo (1970-2005)

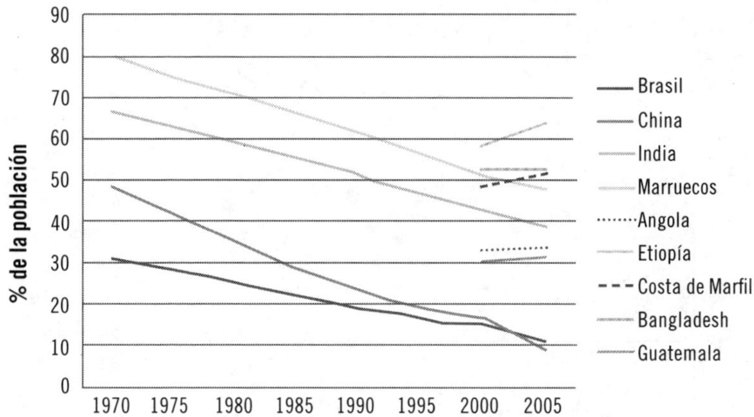

FUENTE: Banco Mundial, World Development Indicators | (Consulta: 17 de noviembre de 2009)

En el año 2009, el Banco Mundial definió el nivel de analfabetismo como el porcentaje de personas mayores de 15 años que no saben leer, ni escribir ni entender una frase corta. No obstante, las dificultades de medida y las diferencias metodológicas usadas en cada país hacen que estos datos se interpreten con la debida precaución.

Según se puede observar en el gráfico, los países emergentes indicados experimentaron un descenso en el nivel de analfabetismo al tiempo que su desarrollo se iba acelerando. Sin embargo, en los países en desarrollo, el analfabetismo se mantiene estable o incluso aumenta.

El tercer indicador a analizar es la esperanza de vida, que, según el Banco Mundial, mide el número de años que un recién nacido viviría si las tasas de mortalidad que se dan al nacer se mantuvieran constantes a lo largo de la vida.

En la figura 3.3 se puede observar una comparativa de la evolución en los diferentes países desde 1970 a 2005.

FIGURA 3.3
Comparativa de la esperanza de vida (1970-2005)

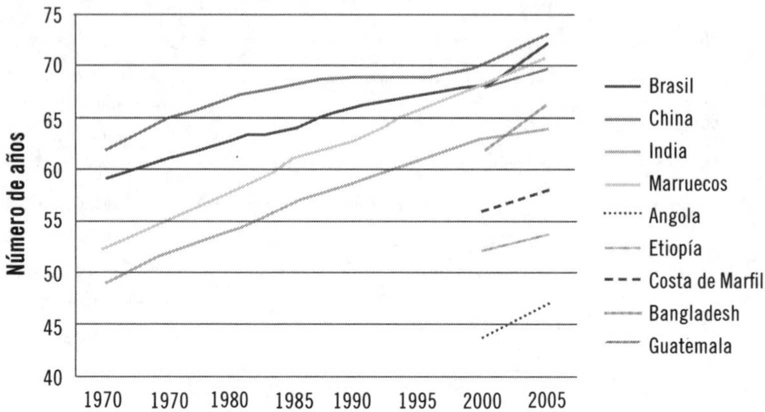

FUENTE: Banco Mundial, World Development Indicators | (Consulta: 17 de noviembre de 2009)

La diferencia entre la esperanza de vida en EE.UU. y la de los países emergentes se ha ido reduciendo con los años en un espacio de tiempo relativamente corto. Esto se puede relacionar con el aumento del PIB per cápita y con la disminución del nivel de analfabetismo.

La observación de estos tres indicadores permite establecer que los países que hoy en día son emergentes tenían en las décadas de 1950-1970 una situación económica y social más deteriorada que los países que actualmente están en vías de desarrollo, donde el peso de la población de la base de la pirámide es especialmente importante.

LOS NIVELES DE DEUDA

El acceso a la deuda, en general, suele ser un multiplicador de ingresos que incrementa el potencial de compra. A continuación se analiza el potencial de competitividad comercial en función del nivel de deuda asumido por cada país. En definitiva, se trata de ver cómo el apalancamiento facilita el desarrollo.

Para poder hacer un análisis comparable se tendrá en cuenta la evolución del nivel de deuda pública respecto al PIB de cada país, lo que permite observar el nivel de deuda frente al tamaño de cada economía. En la figura 3.4 se muestra la comparación.

FIGURA 3.4
Comparativa y evolución del porcentaje de la deuda pública respecto al PIB (2000-2011)

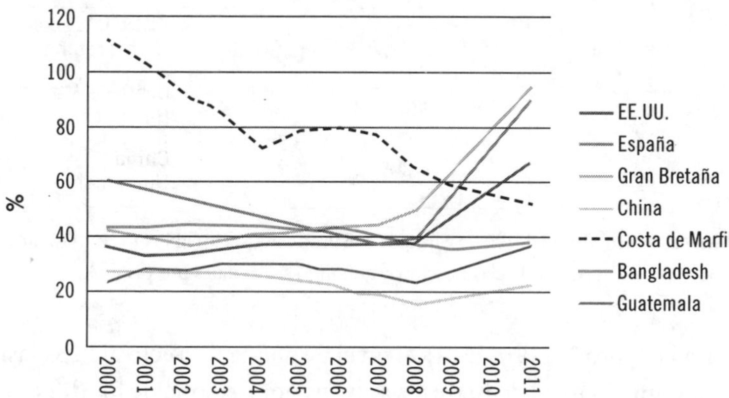

FUENTE: The Economist Intelligence Unit, Global Debt Comparison | (Consulta: 23 de noviembre de 2009)

Se observa que entre 2000 y 2007, los niveles de deuda pública de los diferentes países, tanto los desarrollados como los que están en vías de desarrollo, se mantienen sin excesivas diferencias, entre el 20% y el 60% del PIB. La excepción es Costa de Marfil, que a partir del año 1999 vio crecer la deuda espectacularmente debido a la inestabilidad política que vivía (el golpe de Estado que sufrió el país en 1999 redujo considerablemente la inversión extranjera directa) y a una mala política fiscal, entre otros factores.

A partir de 2008, en los países desarrollados se produce un alarmante crecimiento de los niveles de deuda pública como instrumento que pretende contribuir al freno del decrecimiento económico. Sin embargo, en los países emergentes o en vías de desarrollo los niveles de deuda se mantienen estables dentro de un orden.

Otro aspecto a tener en cuenta es el nivel de deuda en función del nivel de ingresos por persona. En 2009, el Banco Mundial realizó una clasificación según los ingresos anuales por persona.

FIGURA 3.5

Clasificación	Ingresos anuales por persona ($)	Países
Clase alta	> 11.456	EE.UU., España, Gran Bretaña
Clase media	936-11.445	Costa de Marfil, Bangladesh
Clase baja	< 935	China, Guatemala

FUENTE: Banco Mundial, 2009. Se ha usado el Producto Nacional Bruto (PNB) per cápita de 2007 para determinar la clasificación según ingresos anuales por persona

En la figura 3.6 se muestra el nivel de deuda respecto al PIB clasificado según el nivel de ingresos anuales por persona de los diferentes obtenidos en 2008.

FIGURA 3.6
Porcentaje de deuda de los países del mundo respecto al PIB (clasificados según nivel de ingresos en 2008)

FUENTE: Banco Mundial, World Development Report (2009)

Se aprecia que los países clasificados como de altos ingresos (o países desarrollados) disponen de un nivel de deuda pública muy superior a los países clasificados como de ingresos bajos o medios (que mayoritariamente son los países donde reside la población de la base de la pirámide).

Por otro lado, las estimaciones indican que las diferencias entre ambos tipos de países, en lo que a nivel de deuda se refiere, seguirán aumentando en los próximos años. La capacidad de endeudamiento futura es cada vez más cuestionada dada la situación de crisis del sistema económico mundial que hay hoy en día, hecho que podría ir en detrimento de la capacidad de compra futura de los países desarrollados. Además, su implicación en el comercio mundial de forma competitiva puede ser incierta respecto al posicionamiento que pueden adquirir otras regiones del mundo. En cambio, los países con las rentas más bajas estarán relativamente menos endeudados, lo que permitiría que estos países, con fuerte presencia de la base de la pirámide, dispongan de más margen de maniobra y puedan alcanzar un mayor protagonismo en el comercio mundial.

EL COMERCIO MUNDIAL DE ALIMENTOS

Tal como se ha comentado anteriormente, el peso del gasto en alimentación en los mercados de la base de la pirámide es especialmente importante, llegando a representar entre el 50% y el 80% de los ingresos totales obtenidos por una familia.

Es interesante conocer la evolución del comercio mundial de alimentos dado el impacto que supone el alza de los precios que se está produciendo en los últimos años, especialmente a partir de la crisis iniciada en 2007. En la figura 3.7 se puede observar la evolución de las importaciones y exportaciones agrícolas a nivel mundial en el período 1994-2006.

En este período se ha producido un incremento del comercio agrícola mundial superior al 66%. El principal motivo de esta subida es un fuerte incremento de los precios de los cereales motivado por la gran demanda de los países emergentes. Este fuerte crecimiento de los productos básicos de alimentación ha producido un importante deterioro en el aspecto nutricional de la población de la base de la pirámide.

FIGURA 3.7
Valor de las importaciones y exportaciones agrícolas a nivel mundial. Datos en millones de dólares.

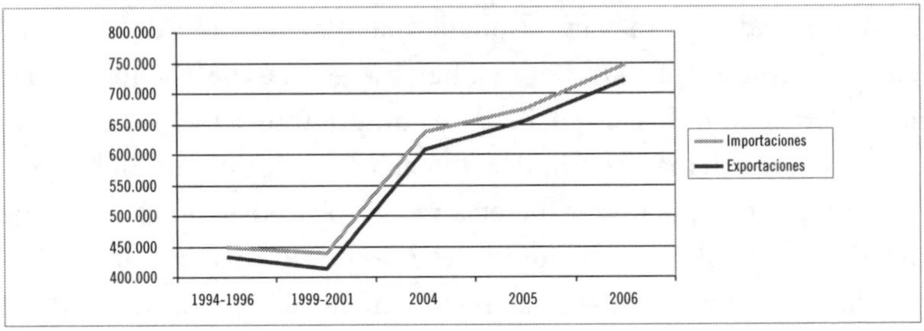

FUENTE: Organización de las Naciones Unidas para la Agricultura y la Alimentación (Consulta: 19 de octubre de 2009)

Esta situación tiene un doble impacto. Por un lado, favorece a los países de la base de la pirámide exportadores de alimentos. Pero por otro lado hay un gran número de países de la base de la pirámide que son eminentemente importadores y el incremento de los precios ha influido negativamente al producir una disminución del poder adquisitivo de la población local para consumo de otros productos diferentes de la alimentación.

Si se analiza el nivel de comercio mundial según el nivel de ingresos de los países, se observa que los países de ingresos altos representan la mayor parte del comercio agrícola mundial, aunque cada vez tienen más peso las economías de países en desarrollo y emergentes. Por su parte, dados los niveles de pobreza y extrema miseria existentes en los países de la base de la pirámide, la dependencia de éstos de los productos básicos aumenta para poder sobrevivir. De ahí que el comercio mundial de los principales productos básicos sea cada vez más relevante. Además, el peso que tienen estos productos en el total del comercio mundial de productos alimenticios tiene una tendencia al alza importante.

Conclusiones

Tal y como hemos podido observar, los países emergentes han experimentado un desarrollo económico y social considerable y nada indica que este desarrollo no se pueda extender aún con más rapidez a otros países de la base de la pirámide. En concreto, tal y como hemos visto en los diferentes indicadores analizados, la situación actual de los países de la base de la pirámide comentados es sensiblemente mejor que la situación de los países BRIC (Brasil, Rusia, la India, China) a principios de la década de 1950.

Por otro lado, el análisis de la deuda de los países seleccionados muestra que el nivel de endeudamiento de los países desarrollados es sustancialmente mayor que el de los países de la base de la pirámide y las previsiones son que la diferencia de este nivel de apalancamiento tienda a aumentar. Esto podría conllevar que el poder y la presencia de las economías desarrolladas podrían reducirse a favor de las economías de la base de la pirámide.

A su vez, los productos agrícolas son especialmente relevantes en el comercio mundial. Y más concretamente, lo son los productos básicos, con un volumen de negocio muy considerable y con una tendencia alcista, sobre todo a raíz de la crisis de 2008 por el importante crecimiento de los precios.

[Capítulo 4]

Necesidades básicas: comer y beber

OBJETIVOS

Se calcula que unos 868 millones de personas en el mundo se encuentran en estado de desnutrición[4], un 12,5% de la población mundial. En los países en desarrollo esta cifra se sitúa en el 14,9% de la población de dichos países. Aunque en los últimos 20 años la desnutrición mundial ha disminuido, se mantiene estable la insuficiencia alimentaria, afectando a 1.520 millones de personas en los países en desarrollo.

FIGURA 4.1
La subnutrición y la insuficiencia alimentaria en países en desarrollo

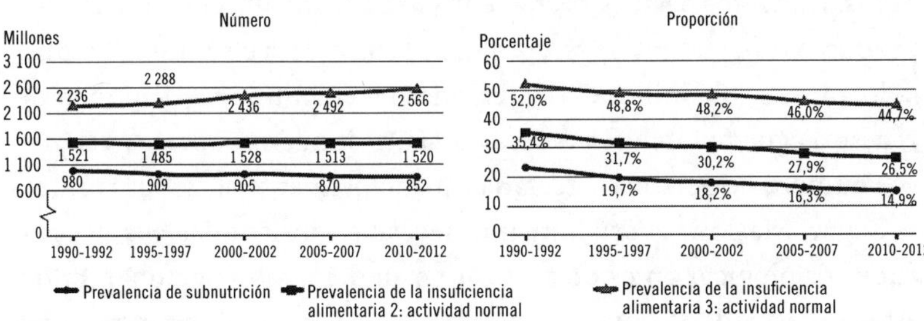

FUENTE: FAO

El número de países pobres y la tasa de población hambrienta ha incrementado en los últimos años debido a la crisis iniciada en 2008[5].

---

4 FUENTE: FAO 2012 (Food and Agriculture Organization of the United Nations).
5 Según Ban Ki-Moon, secretario general de la ONU, 2009.

El rápido desarrollo de China en los últimos años ha reducido la pobreza en Asia pero el resto de regiones donde se encuentra la población de la base de la pirámide no ha experimentado ningún cambio.

FIGURA 4.2
Distribución de la subnutrición en los países en desarrollo (2010-2012)

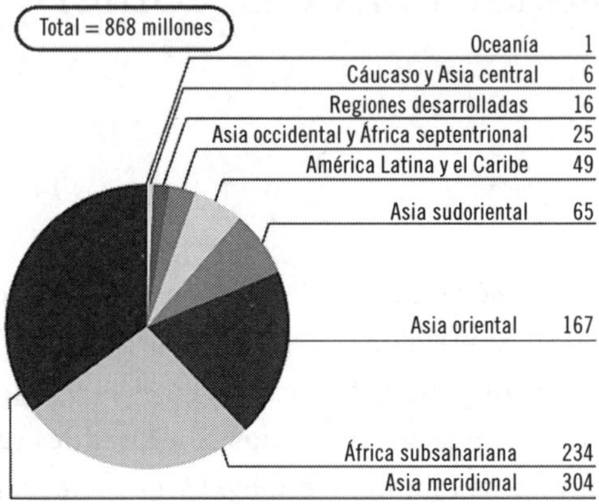

FUENTE: FAO

Asimismo, como se ha comentado en el capítulo anterior, el precio de los productos básicos es creciente, lo que dificulta el acceso a estos productos por parte de la población de la base de la pirámide. Por otro lado, más de 900 millones de personas en el mundo no disponen de acceso a agua potable. En África y Asia es donde se concentra el mayor número de personas afectadas, principalmente en zonas rurales.

Según Maslow, el ser humano necesita cubrir todas sus necesidades fisiológicas antes de avanzar en su desarrollo personal. Entre estas necesidades fisiológicas se encuentran las de alimentarse adecuadamente y de disponer de agua como fuente de vida. El presupuesto familiar de la población de la base de la pirámide se destina, básicamente, a cubrir esas necesidades. El gasto en alimentación puede suponer, en algunas zonas, hasta el 80% de los ingresos familiares. Esto hace que tenga una especial relevancia y sea interesante profundizar en el análisis de estos sectores, alimentación y agua.

En la figura 4.3 se observa la potencialidad de cada sector para el mercado total de la base de la pirámide.

FIGURA 4.3
Mercado base de la pirámide estimado por sector

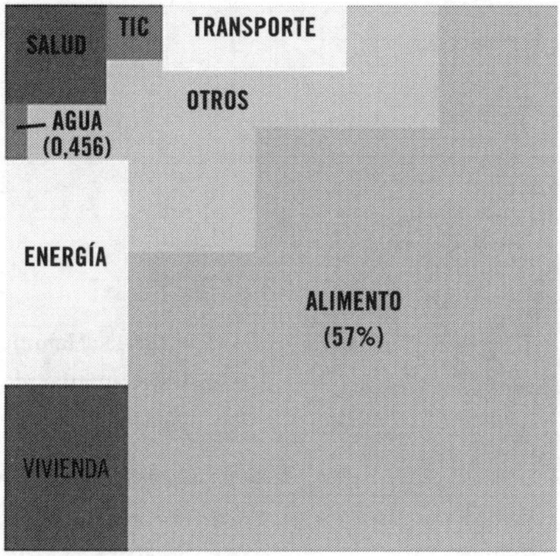

FUENTE: Hammond *et al.* (2007)

Se observa que el sector con mayor potencialidad es el de alimentos. El sector del agua, aunque es pequeño, tiene un alto valor en sí mismo dado que cubre necesidades básicas fundamentales. Asimismo, la OMS (Organización Mundial de la Salud) determinó en 2004 que existe una correlación positiva entre la inversión en acceso al agua potable y el desarrollo económico.

La importancia del agua es tal que por ejemplo en África las pérdidas ocasionadas por la falta de acceso a agua potable suponen una pérdida económica superior al 5% de su PIB.

EL MERCADO DE ALIMENTOS

Se estima que el mercado potencial de alimentos de la población de la base de la pirámide es de más de 2.894 miles de millones de dólares.

En la figura 4.4 se indica la distribución del mercado potencial por zona geográfica.

FIGURA 4.4
Mercado de alimentos de la base de la pirámide

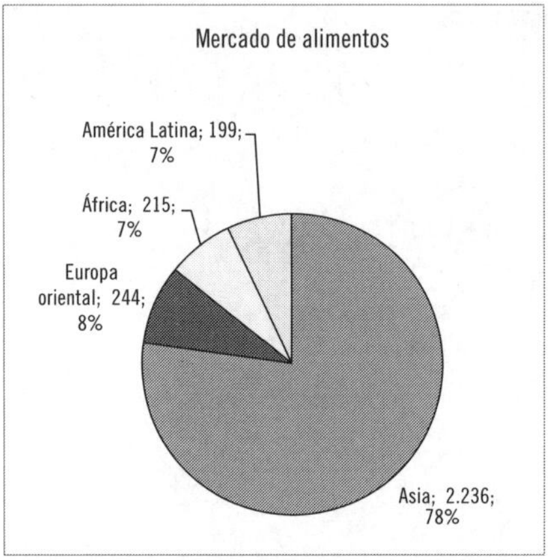

FUENTE: Hammond *et al.* (2007). Datos en miles de millones de dólares US PPP2005.

PPP: *Purchasing Power Parity* (Paridad de Poder Adquisitivo).

Se puede observar que existe una gran diferencia entre Asia y el resto de zonas de la base de la pirámide; esto se debe a que la mayor parte de la población de la base de la pirámide se concentra en esa zona.

En África y en Asia, la población de la base de la pirámide consume más del 80% del total del mercado de alimentos de cada continente. En otras zonas geográficas, como Europa oriental o América Latina, la base de la pirámide consume en torno al 50% del total del mercado.

Cabe resaltar que a medida que va aumentando el nivel de ingresos, el peso que tiene la alimentación en el presupuesto familiar disminuye. Esto es así dado que, una vez satisfechas las necesidades básicas de alimentación, se incorporan otra serie de gastos a la economía familiar. Así, el gasto en alimentación es el primero en ser atendido. Después vienen el resto de necesidades, como pueden ser las de energía, vivienda, salud, transporte o TIC, entre otras.

En África y Asia, la mayoría del mercado potencial de la base de la pirámide se encuentra en las zonas rurales, lo que acentúa la necesidad de disponer de sistemas de distribución adecuados para poder llegar a la población.

En el caso de alimentos perecederos, es necesario diseñar sistemas que combinen adecuadamente la reducción de costes necesaria para disponer de un producto a un precio adecuado al mercado al que nos dirigimos con el coste que supone desarrollar los sistemas de aprovisionamiento de dichos productos. La combinación precio del producto – coste de distribución podrá permitir el éxito en el acceso al mercado de la base de la pirámide.

En la Europa oriental y América Latina el mercado de alimentos se concentra especialmente en las áreas urbanas: más del 70% de los países de la base de la pirámide en estas zonas son sobre todo urbanos. Una de las principales características de la población urbana de la base de la pirámide es que tiene un gasto en alimentos un 33% superior al que tiene la población rural de la base de la pirámide.

Otra de las características a tener en cuenta en el sector de la alimentación es el tipo de alimentos que consume la base de la pirámide. En general, esta población tiende a consumir más carbohidratos; las clases medias de la población gastan más en frutas y refrescos. Esto es debido a que las personas con pocos ingresos consideran que es muy importante consumir alimentos ricos en calorías debido a la falta de seguridad de disponer de alimentos en el futuro.

EL AGUA: FUENTE DE VIDA

El mercado del agua para el mercado de la base de la pirámide es de más de 20.000 millones de dólares. En la figura 4.5 se muestra la distribución por zona geográfica de este mercado.

Esta situación contrasta con la vista anteriormente para el mercado de la alimentación. Aunque en Asia se concentra la mayor parte de la población de la base de la pirámide, no es sustancialmente mayor el mercado potencial del agua. Esto se debe a que un gran número de personas en este continente tienen acceso al agua de forma gratuita a través de recursos naturales, ríos, lagos o fuentes subterráneas. Esto, aunque también sucede en otras regiones, no se da en África: en África sólo el 17% de los hogares de la base de la pirámide obtiene el agua a través de fuentes naturales.

FIGURA 4.5
Mercado del agua de la base de la pirámide

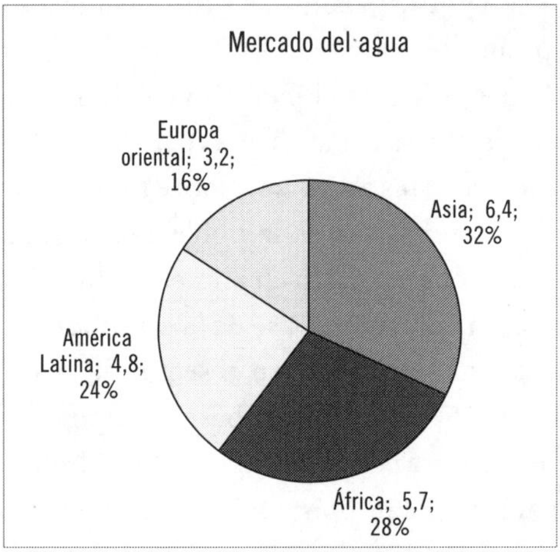

FUENTE: Hammond *et al.* (2007). Datos en miles de millones de dólares US PPP2005.

PPP: *Purchasing Power Parity* (Paridad de Poder Adquisitivo).

El mercado del agua tiene un alcance significativamente menor que el de alimentos. Sin embargo, la importancia del bien en sí mismo hace pensar que se trata de un mercado infravalorado y con un importante potencial.

Aunque la población de la base de la pirámide se concentra mayoritariamente en las zonas rurales, el mercado del agua se localiza principalmente en zonas urbanas, al contrario de lo que sucede con el mercado de alimentos. Analizando en mayor profundidad las áreas urbanas, se observa un mercado creciente en las zonas perimetrales alrededor de las grandes urbes. Estas zonas suelen estar relativamente pobladas y, en muchas ocasiones, no disponen de acceso al agua.

Conclusiones

El mercado de alimentos es el mayor de todos los de la base de la pirámide: representa el 57% del mercado global. A continuación se encuentran los sectores de la energía, la vivienda, el transporte, la salud, las TIC, el agua y otros minoritarios. Especialmente atractiva, en términos de volumen, es Asia, ya que el mercado asiático de alimentos supone más del 44% del mercado global de la base de la pirámide.

El éxito en el acceso al mercado de la base de la pirámide depende en gran medida de disponer de un sistema de distribución eficiente que permita llegar a las zonas rurales de la población de la base de la pirámide, sobre todo en África y Asia. Por otro lado, también existe una gran oportunidad en las zonas urbanas de Europa oriental y América Latina.

No menos importante es el mercado del agua. Aunque es de un volumen considerablemente inferior al mercado de alimentos, el mercado potencial es enorme. En general, el precio del agua en las zonas de la base de la pirámide es especialmente elevado. Por ello, la población de la base de la pirámide prefiere recurrir a fuentes naturales a pagar precios desorbitados para su potencial de consumo. Esta situación conlleva un riesgo importante que puede afectar de manera especial a la salud de la población.

El mercado del agua aumentaría con el abaratamiento de los costes y de los precios del agua ante la seguridad de disponer de un producto sano frente al riesgo que lleva beber de fuentes naturales sin tratamiento alguno.

En el mercado del agua también es fundamental el sistema de distribución, como condición ineludible para acceder a la población de la base de la pirámide. La población en riesgo de desnutrición es muy notable y mucha gente todavía no dispone de acceso a agua potable. Así, la obtención de economías de escala combinada con una tecnología adecuada y un sistema de distribución eficiente se perfila como la manera de colaborar en el desarrollo social de la base de la pirámide, así como de obtener los beneficios económicos que permitan la sostenibilidad de este desarrollo.

[Capítulo 5]

El círculo virtuoso

OBJETIVOS

Existen tres variables que conducen una a la otra, haciendo que el círculo se cierre y se realimente de forma positiva, entrando en una espiral de éxito.

Estas variables son:

- Grado de apertura comercial de un país, concretado en el nivel de inversión extranjera directa. El grado de apertura crece con la inversión.
- Desarrollo económico, analizado a partir del gasto per cápita en alimentos. Cuanto mayor es el gasto per cápita en alimentos, mayor es el desarrollo económico.
- Reducción de la pobreza, representada por el peso que tiene el gasto en alimentos en el total del gasto familiar. El nivel de pobreza disminuye en la medida que el porcentaje del gasto en alimentos se reduce.

Cuando el grado de apertura aumenta, empujado por una mayor inversión extranjera directa, se produce un mayor desarrollo económico, incrementándose el gasto per cápita en alimentos. El gasto familiar en alimentos crece hasta un determinado límite, iniciándose el consumo de otros bienes y servicios. En la medida en que el gasto en alimentos pierde relevancia en la compra familiar, el nivel de pobreza disminuye. Y en la medida que existe una mayor renta disponible para otros gastos adicionales a la alimentación, nuevas inversiones extranjeras decidirán directamente incorporarse a una economía creciente, incrementándose el grado de apertura y continuando así el círculo virtuoso, la espiral del éxito.

FIGURA 5.1
El círculo virtuoso

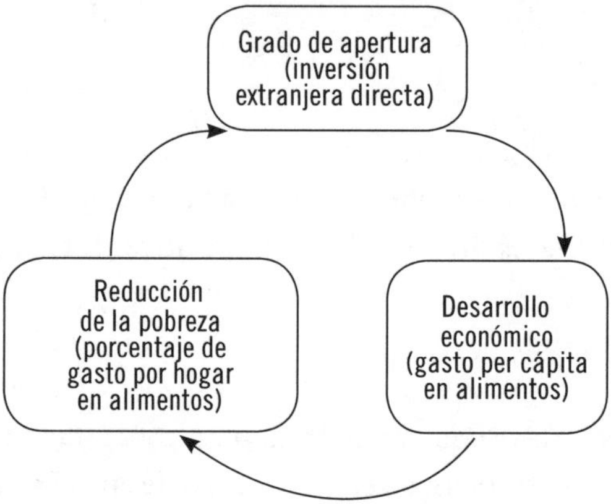

FUENTE: Elaboración propia

EL GRADO DE APERTURA Y EL DESARROLLO ECONÓMICO

Un aumento de la inversión extranjera directa en un país determinado provoca en éste un crecimiento económico. Este efecto se maximiza cuando el país receptor tiene, entre otras cosas, unos mercados financieros desarrollados. Uno de los factores principales para que dicha inversión se traduzca en crecimiento económico es la calidad del equipo humano, lo que reafirma la importancia a la hora de seleccionar adecuadamente el socio local.

La disponibilidad de un sistema jurídico fuerte y la situación política de un país afectan también de forma muy considerable a la inversión extranjera directa y al grado de apertura y, por tanto, al desarrollo económico de un país.

Cabe también resaltar la importancia que tiene la necesidad de reducir considerablemente la corrupción y fomentar la prudencia en la aplicación de políticas fiscales y monetarias.

EL DESARROLLO ECONÓMICO Y LA REDUCCIÓN DE LA POBREZA

En los países de la base de la pirámide prácticamente la totalidad de la renta disponible se destina a alimentación, ya que lo primero es cubrir las necesidades nutricionales antes que atender otros aspectos.

Inicialmente, cuando la renta disponible aumenta, también lo hace el gasto en alimentos. Pero una vez quedan cubiertas las necesidades básicas de alimentación, el gasto en alimentos se estabiliza y se inicia el gasto en otros sectores, como son el transporte y las telecomunicaciones.

Para poder comprender la relación entre el desarrollo económico y la reducción de la pobreza, es necesario observar la distribución de la renta. Si existe una gran desigualdad en la distribución de la renta entre los habitantes de un país, el impacto del incremento del PIB per cápita se verá minimizado; en cambio, una mayor igualdad en la distribución de la renta producirá un mayor efecto de crecimiento en el PIB en toda la población y el impacto en la reducción de la pobreza será mayor. En palabras de John F. Kennedy en su discurso del 3 de octubre de 1964 en Arkansas, EE.UU., "una marea creciente, hace crecer todos los barcos". En este sentido, diferentes estudios muestran que un crecimiento económico del 10% conllevaría una reducción de la pobreza entre el 10 y el 30 por ciento.

En general, en las etapas iniciales de crecimiento económico de un país se produce una creciente desigualdad en la distribución de las rentas. Sin embargo, a medida que crece el desarrollo económico, el grado de desigualdad en dicha distribución tiende a disminuir.

REDUCCIÓN DE LA POBREZA Y GRADO DE APERTURA

Como ya se ha mencionado, el nivel de pobreza está íntimamente ligado al nivel de gasto por hogar en alimentos: cuanto menor sea el nivel de la renta disponible destinado a la compra de alimentos, menor será el nivel de pobreza. El gasto en alimentos, en términos relativos, disminuye cuando el PIB aumenta; esta disminución se produce debido a un aumento de la renta, es decir, del crecimiento económico.

En los países desarrollados, con altos ingresos, el gasto en alimentos supone el 16% de la renta disponible, frente al 55% que se da en los países con bajos ingresos; sirva como referencia que en EE.UU. el gasto en alimentos se sitúa en el 8,7% de la renta y en Tanzania representa el 71%. En general, el porcentaje de gasto en alimentos es hasta dos veces mayor en los países de bajos ingresos que en los países de ingresos altos.

Una disminución de la tasa de pobreza podría favorecer una mayor inversión extranjera directa por parte de las empresas privadas atraídas por el desarrollo económico y social del país en cuestión.

EL MODELO MATEMÁTICO

La existencia del circulo virtuoso ha sido corroborada científicamente con un modelo econométrico[6]. Según este modelo, se establecen una serie de ecuaciones con las siguientes correlaciones:

---

6 Este modelo econométrico ha sido desarrollado en la tesis doctoral de Tomás Tomeo en 2011. No se expone en este libro por considerarse datos de análisis técnico y no ser relevantes para las conclusiones aquí aportadas.

- Inversión extranjera directa y gasto per cápita en alimentos: correlación positiva.
- Gasto per cápita en alimentos y el porcentaje de gasto por hogar en alimentos: correlación negativa.
- Porcentaje de gasto en alimentos y la inversión extranjera directa: correlación negativa.

Basándose en este modelo, se establecen diversas ecuaciones que permiten demostrar matemáticamente las correlaciones establecidas.

Conclusiones

Existe un círculo virtuoso entre el grado de apertura de un país, el desarrollo económico y la reducción de la pobreza. Cuando aumenta la inversión extranjera directa en un país (fruto de una mayor apertura política), provocada por la entrada de multinacionales privadas en el mercado de la base de la pirámide, se produce un incremento de la renta per cápita, que aporta desarrollo económico y una disminución de la pobreza, lo que facilita la entrada de nuevas inversiones, cerrándose así el círculo y produciéndose una espiral de crecimiento económico, personal y social.

La variable que activa el círculo virtuoso es la inversión extranjera directa. Esta variable se ve especialmente afectada por una serie de variables coyunturales, entre las que destacan la calidad de las instituciones políticas, jurídicas y económicas del país en cuestión. La inversión extranjera directa se vería especialmente limitada en el caso de que existiesen medidas proteccionistas considerables en el país receptor.

El efecto del desarrollo económico tiene un impacto mayor sobre la tasa de pobreza cuando mayor es el coeficiente de distribución de la renta, es decir, cuando la renta está equitativamente distribuida entre la población del país, siendo la clase media la que cuantitativamente abarca al mayor número de habitantes.

El efecto de la reducción de la pobreza impacta en mayor medida en la inversión extranjera directa cuando la reducción de la pobreza comporte una mejora en el conocimiento y el desarrollo de las personas, que, como ya se vio anteriormente, es el paso que debe darse tras superar los aspectos básicos de supervivencia.

[Capítulo 6]

Acceso al mercado. Guía de cómo acceder con éxito

OBJETIVOS

En los capítulos anteriores hemos podido ver las diferentes situaciones que se pueden dar para el acceso al mercado de la base de la pirámide. Conocemos su nivel de importancia, el tamaño del mercado y las enormes posibilidades que nos brinda. También hemos podido observar que acceder a estos mercados no es algo trivial; requiere tiempo, esfuerzo, dedicación y paciencia. Además, una mente muy abierta a la innovación disruptiva, en contraposición a la innovación progresiva.

La innovación progresiva responde a una evolución de los procesos de mejora continua que hacen que, día a día, los procesos y los productos sean más eficaces (se adapten más a las necesidades del consumidor) y más eficientes (de forma que se consigan los objetivos perseguidos con el menor consumo de recursos posible).

La innovación disruptiva es un término introducido por el profesor Clayton Christensen en 1997 en su libro *The innovation dilema*. Hace referencia a aquel tipo de innovación que rompe con los paradigmas habituales, que establece nuevos mercados, crea nuevas necesidades o satisface necesidades existentes de un modo completamente diferente a como se venía haciendo hasta el momento.

Algunos ejemplos de innovación disruptiva (productos, servicios o procesos) serían el Cirque du Soleil, el iphone de Apple, la bombilla eléctrica de Thomas Alva Edison, el sistema de producción en cadena que ideó Henry Ford o la rueda, por remontarse a uno de los primeros inventos. Todos ellos han cambiado, desde su aparición, la forma de acceder al mercado de los diferentes competidores. Incluso han sido capaces de crear mercados únicos hasta entonces inexistentes. Serían los llamados "océanos azules" que describen los profesores de Insead W. Cham Kim y Reneé Mauborgne en su libro *Blue Ocean Strategy*.

Estos autores establecen dos tipos de estrategias de acceso al mercado: la del "océano rojo" y la del "océano azul". La estrategia del océano rojo conduce a que las empresas desarrollen sus actividades en mercados existentes, donde la competencia es muy alta y la lucha es atroz, "tiñendo de rojo sus aguas". La estrategia del "océano azul" establece que se generen nuevos mercados, amplios espacios, donde la competencia es irrelevante, generando una nueva demanda y alineando todas las actividades con la estrategia empresarial. Se trata de establecer poderosos saltos de valor y de crear así ventajas competitivas, al menos durante un tiempo suficientemente largo. En este aspecto, se establecen tres criterios que definen una buena estrategia de océano azul: foco, divergencia y comunicación contundente.

En este capítulo se establece una guía para cualquier empresa que quiera acceder al mercado de forma que se pueda conseguir una implantación ordenada y un crecimiento rentable, sostenible y de largo plazo.

GUÍA DE ACCESO AL MERCADO DE LA BASE DE LA PIRÁMIDE

Se establecen siete pasos claves claramente diferenciados que permiten el acceso al mercado de la base de la pirámide.

1. Creación de un nuevo modelo de negocio sostenible

En determinadas ocasiones se ha considerado la necesidad de que las empresas que desean acceder al mercado de la base de la pirámide deben adaptar sus modelos de negocio a las necesidades de dicho mercado. Sin embargo, el mercado de la base de la pirámide tiene una serie de particularidades que lo hacen especialmente complejo. Esta complejidad dificulta la adaptación parcial de cualquier modelo de negocio tradicional.

El proyecto de acceso al mercado de la base de la pirámide no puede basarse en una simple transmisión de estrategias ya establecidas en los mercados desarrollados, sino que se deben desarrollar todos los aspectos del modelo de negocio, creando nuevas formas de atender las necesidades del mercado de la base de la pirámide y rompiendo con los encorsetamientos de los modelos ya establecidos.

Decía Albert Einstein: "Locura es pretender conseguir cosas diferentes haciendo lo mismo". Lo mismo sucede cuando queremos acceder a un mercado diferente haciendo lo mismo de siempre. Cuando cambian las condiciones del entorno, cuando todo es diferente, hay que buscar una nueva forma de hacer las cosas.

Para acceder a un mercado diferente, hay que hacer las cosas de modo diferente. Hay que buscar un nuevo paradigma.

2. Compromiso total de la Alta Dirección

Como si de una ley física se tratase, los proyectos de mayor importancia de cualquier compañía requieren un compromiso total y absoluto de los máximos responsables de la empresa.

El proyecto de acceder a los mercados de la base de la pirámide debe tener la aprobación y apoyo total de la alta dirección de la sociedad y debe ser un proyecto de vital importancia para el desarrollo de la empresa. El proyecto no podrá salir adelante sin el compromiso absoluto e inquebrantable del presidente, el consejero delegado o el director general de que el acceso al mercado es posible y debe realizarse sin dilación.

La Alta Dirección es quien debe proporcionar el equipo y los recursos necesarios para el desarrollo del proyecto. El equipo debe ser multidisciplinar y estar formado de forma heterogénea, contando siempre con personas locales, mientras que los recursos deben ser de todo tipo: financieros, de tiempo, etcétera.

La Alta Dirección debe ser un modelo de referencia para todas las personas involucradas en mayor o menor medida en el proyecto. Si los máximos responsables no demuestran su compromiso total y absoluto, es muy difícil que el resto de personas cambie su comportamiento para comprometerse. Pero la Alta Dirección no sólo ha de ser facilitadora y ejemplificadora; ha de ser, sobre todo, promotora e impulsora, convirtiéndose en el verdadero líder del proyecto.

Es absolutamente necesario creer en el proyecto, tener ilusión. Todo el equipo, pero sobre todo, la Alta Dirección.

3. Autonomía del equipo de trabajo

El equipo de trabajo debe ser cuidadosamente seleccionado para este proyecto. En general, en el mundo empresarial de hoy en día, se dedica poco tiempo a seleccionar y mucho tiempo a despedir. El proceso debería ser justo al revés: dedicar mucho tiempo a seleccionar y poco a despedir.

El equipo debe ser heterogéneo, contando con miembros pertenecientes a las estructuras de los mercados desarrollados y miembros de las estructuras del mercado de la base de la pirámide que queremos abordar. También es importante que el equipo de trabajo resida durante un tiempo con la población de la base de la pirámide para que puedan comprender mejor las necesidades y particularidades del mercado a abordar.

Asimismo, el equipo de trabajo tiene que trabajar con plena autonomía. Esta autonomía se fundamenta en el conocimiento y la confianza en los miembros que lo integran. La toma de decisiones no debe verse afectada por las prioridades y requerimientos que se exigen a los proyectos que se llevan a cabo en los mercados desarrollados. Sólo desde la independencia en la toma de decisiones se alcanzará el éxito del proyecto. El proyecto debe tener sus propias exigencias, sin interferencias.

La autonomía aporta flexibilidad y adaptabilidad a un entorno que cambia rápidamente y facilita reacciones eficaces y eficientes. Esta autonomía no significa individualidad. Lógicamente hemos de potenciar el trabajo en equipo pero hemos de facilitar que el equipo de proyecto pueda tomar sus propias decisiones, siempre dentro de un marco lógico de actuación. Este marco de actuación debe servir de referencia y guía pero se debe huir de todo encorsetamiento que impida una libertad de acción orientada a los objetivos definidos del proyecto.

4. Establecimiento de alianzas estratégicas locales

Las alianzas estratégicas son un acuerdo formal entre dos o más empresas o instituciones para alcanzar un conjunto de intereses privados y comunes a base de compartir recursos en un contexto de incertidumbre en los resultados. Estas alianzas estratégicas pueden permitir, entre otras cosas, acceder al mercado de una forma más rápida, alcanzar economías de escala en el proceso de fabricación, reducir el riesgo económico, acceder a recursos financieros, aprender aspectos organizativos, conocer el mercado objetivo en mayor profundidad o ganar en credibilidad.

Para tener éxito en el acceso al mercado de la base de la pirámide es muy importante establecer una serie de alianzas estratégicas con empresas, gobiernos y ONG locales, ya que son grandes conocedores de la realidad social de la zona. Estos acuerdos no son un mero accesorio deseable, sino que en muchas ocasiones son un requisito indispensable sin el cual no tendría éxito el proyecto que se esté abordando.

Estas alianzas no sólo sirven para que la población tenga una mayor aceptación del producto o la empresa, sino que por su especial conocimiento de la realidad local, estas instituciones pueden ser útiles en el diseño de los sistemas de distribución y la estrategia de comunicación. Las organizaciones locales pueden servir como nexo de unión entre la empresa multinacional, los vendedores locales y los consumidores.

El establecimiento de alianzas estratégicas no está exento de riesgos, como pueden ser perder la carrera del aprendizaje, hacernos excesivamente dependientes de los aliados o no ser capaces de convivir con las diferencias culturales, estratégicas, organizativas u operativas. La consecuencia puede ser que la alianza estratégica finalice de forma prematura sin haber alcanzado los objetivos previstos inicialmente al establecer la alianza. No obstante, sin estas alianzas locales será muy difícil acceder al mercado de la base de la pirámide.

Un factor básico de cualquier alianza estratégica es que se debe construir la relación mediante compromisos incrementales. Esto facilita que el proceso de adaptación mutuo sea más rápido y genere una mayor confianza.

5. Desarrollar un nuevo sistema de distribución

El objetivo de cualquier sistema de distribución es poner el producto o servicio producido a disposición del consumidor final en la cantidad requerida, en el instante en que lo necesite y en el lugar donde desee adquirirlo. Y todo ello se debe hacer de forma que se promueva la compra en el punto de venta, sin perder de vista que la estructura de costes ha de ser adecuada para no encarecer el producto de forma innecesaria.

Entre un productor (producto terminado disponible en la fábrica) y el consumidor final de dicho bien, aparecen los intermediarios, quienes establecen un camino en el que intervienen personas o empresas. Estos intermediarios pueden hacer que el producto se encarezca o que el fabricante pierda el control sobre su producto. Del correcto diseño del flujo de distribución puede depender en gran medida el éxito del proyecto; por tanto, la definición del proceso y la selección de mayoristas, minoristas, agentes comerciales, comisionistas o cualquier otro modelo que se utilice es fundamental para el buen fin del proyecto de abordar el mercado de la base de la pirámide.

Para analizar el sistema de distribución se ha de tener en cuenta si ya se está accediendo al mercado en la zona geográfica seleccionada.

En el caso de que la presencia en la zona sea con motivo del proyecto que se aborda se deberá innovar radicalmente en el sistema de distribución frente a los sistemas tradicionales que puedan existir en los mercados desarrollados. En el caso de que la empresa ya disponga de una presencia en mayor o menor medida en la región, para acceder al mercado de la base de la pirámide habrá que desarrollar un nuevo sistema de distribución completamente independiente del tradicional que ya esté establecido; este sistema de distribución ha de ser optimizado en toda su dimensión para reducir al máximo su coste.

Por otro lado, un diseño adecuado del sistema de distribución puede ser, a su vez, un canal de comunicación importante que permita establecer un posicionamiento de mercado a la empresa y a sus productos, facilitando así las actividades comerciales.

Es fundamental resaltar la importancia que tienen las alianzas con las instituciones locales a la hora de optimizar el sistema de distribución. Nadie mejor que ellos conoce la realidad.

6. Precios competitivos, adaptados a las posibilidades de la población

Las estrategias de fijación de precios pueden ser múltiples: en función de los costes (*bottom-up*), en función de la demanda (*top-down*), en función de la competencia, etc. En los proyectos de acceso a la base de la pirámide, las estrategias de fijación de precios deben ser más *top-down* que *bottom-up*, es decir, se trata de poner al cliente como el centro de la operación.

Tradicionalmente, los precios se fijan después de analizar la estructura de costes empresariales (costes directos y costes indirectos por imputación). Una vez determinado el coste completo de un producto, se le añade el margen comercial que se desea conseguir y se obtiene el precio de salida al mercado. Ésta es la estrategia *bottom-up*.

En el mercado de la base de la pirámide, la estrategia debe ser *top-down*, es decir, lo primero que se necesita conocer es la disponibilidad a pagar por los clientes potenciales y una vez se sabe cuál es el precio que el cliente está dispuesto a pagar, se puede fijar la estructura de costes y el margen comercial que se desea para el producto en cuestión.

Los altos márgenes que se exigen a los productos y servicios en los mercados desarrollados son incompatibles con las estrategias de entrada al mercado de la base de la pirámide. Los márgenes deben ser ajustados, lo que hace que los plazos de retorno de las inversiones realizadas aumenten. Por tanto, se deben establecer políticas de largo plazo. Pretender retornos de la inversión a corto o medio plazo puede poner en serias dudas el buen fin del proyecto, contribuyendo a la ralentización en la implantación o llevando incluso al fracaso el proyecto de acceso al mercado de la base de la pirámide que se haya planteado.

En general, el precio suele ser el aspecto más importante en cualquier estrategia de acceso al mercado de la base de la pirámide, ya que en muchas ocasiones el cliente no es ni siquiera consciente de la importancia que para él puede tener el consumo de determinado producto. A modo de ejemplo, en muchos países, la población de la base de la pirámide ni siquiera es consciente de la importancia de la higiene personal para su salud. En el caso de un jabón, lo primero que se plantea la población es ¿lo puedo pagar? Si la respuesta es afirmativa, entonces entran a valorar si les conviene o no el uso del jabón. Si la respuesta es negativa, se acabaron las posibilidades de venta.

Sin embargo, eso no quiere decir que el precio tenga que ser el más bajo de todos los competidores que haya en el mercado. Se puede establecer una estrategia basada en el valor que aporta un determinado producto y que el cliente esté dispuesto a pagar en función de ese valor aportado. El análisis de la competencia debe tenerse en cuenta pero no debería ser un factor determinante en la estrategia de fijación de precios.

Una adecuada estrategia de fijación de precios es condición necesaria pero no suficiente para tener éxito en el mercado de la base de la pirámide. Además de un precio ajustado es necesario desarrollar de manera adecuada los otros aspectos que aquí se comentan, como son el sistema de distribución o la estrategia de comunicación.

7. Comunicación y educación social. Un binomio inseparable

La comunicación es el proceso que permite el intercambio de información entre las personas. La comunicación empresarial permite dar a conocer los productos y servicios de una compañía al tiempo que obtiene información para conocer en profundidad las necesidades de los clientes y poder satisfacerlas adecuadamente.

La política de comunicación responde al proceso de construcción de una identidad corporativa y a la necesidad de establecer un marco de referencia entre los diferentes grupos de interés. Asimismo, debe facilitar la interacción y el diálogo entre las personas. La comunicación no necesariamente es la clave del éxito de cualquier proyecto empresarial pero, sin duda, forma parte de él. Lo que sí se puede afirmar es que sin una adecuada comunicación se está abocado al fracaso.

En mercados cada vez más indiferenciados, la comunicación, entendida en sentido amplio, ofrece la posibilidad de establecer una diferenciación del resto de competidores que pudiera haber en el mercado. En muchas ocasiones las necesidades hay que hacerlas patentes y ponerlas de manifiesto para que el mercado de la base de la pirámide sea consciente de los beneficios que le puede reportar un determinado producto o servicio. Hay que crear las necesidades de forma que sean vistas como problemas y los productos como soluciones. Si alguien no es consciente del peligro que entraña beber agua no potable, no considerará interesante el agua embotellada o un aparato potabilizador de agua.

Para tener éxito en este mercado, la comunicación ha de conllevar un gran componente de educación social. Además de explicar los beneficios del producto, es muy importante invertir en la formación de cómo usar los productos que se desean vender para permitir que la población comprenda la importancia del consumo de los productos comercializados por la empresa.

En cuanto a la comunicación, se tendrá que analizar detalladamente el mercado de la base de la pirámide al que se desea acceder.

Los medios tradicionales, tanto *offline* como *online*, no siempre pueden ser los más adecuados para comunicar con el mercado objetivo. Hay muchos mercados que no tienen acceso a prensa, radio o televisión, y mucho menos a internet. En muchas ocasiones deberán introducirse medios de comunicación innovadores que permitan llegar a la población. Será necesario seleccionar detalladamente los segmentos objetivos y personalizar la comunicación a las necesidades específicas de los consumidores.

Conclusiones

No vamos a descubrir aquí la importancia de la innovación. Existen muchos tratados en donde se puede conocer profundamente todo lo necesario alrededor de ella. Pero sin innovación, cualquier intento de acceso al mercado de la base de la pirámide está abocado al fracaso.

Para poder acceder de una forma adecuada y estructurada, se ha elaborado esta guía cuya finalidad es establecer las bases y principios de actuación. A continuación se indican los diferentes pasos a seguir:

- Creación de un nuevo modelo de negocio sostenible
- Compromiso total de la alta dirección
- Autonomía del equipo de trabajo
- Establecimiento de alianzas estratégicas locales
- Desarrollo de un nuevo sistema de distribución
- Precios competitivos, adaptados a las posibilidades de la población
- Comunicación y educación social, un binomio inseparable

SEGUNDA PARTE

[Capítulo 7]

Análisis de experiencias

En este capítulo se analizan en profundidad dos experiencias diferentes de acceso al mercado de la base de la pirámide y se verá la relevancia de los mercados y la importancia de la creación de nuevos modelos de negocio para acceder con éxito.

Como ya se ha mencionado anteriormente, deben ser las empresas multinacionales las que tengan un rol de líderes en el proceso de integración de los países en vías de desarrollo en el mercado económico mundial. Por ello, como ejemplo de experiencias de acceso al mercado, se han seleccionado dos multinacionales ampliamente conocidas y que son líderes en los mercados desarrollados. Y se han seleccionado dos casos para tener una doble perspectiva. En uno de ellos se cumplieron las expectativas marcadas inicialmente; en el otro caso, no se cumplieron los objetivos y el proyecto fue cancelado por la alta dirección. Se explica cómo Unilever accedió al mercado de la base de la pirámide en la India y cómo Nike abordó en China dicho mercado.

Muchas multinacionales han accedido a los mercados en países como China y la India pero, por lo general, estas experiencias se han centrado en los segmentos de alto poder adquisitivo al considerar que los clientes potenciales de la base de la pirámide no disponían del poder de compra necesario por ser demasiado pobres. El continente asiático, donde se encuentran China y la India, es muy relevante: representa más del 71% de la base de la pirámide mundial y su poder de compra es del 42% del total potencial del mercado de la base de la pirámide. Según datos del Banco Mundial[7] en 2011, en la India, más del 75% de la población sobrevivía con menos de dos dólares diarios, con lo que más de 931 millones de personas estaban en el segmento mencionado. En China, el porcentaje era del 36%, con lo que 492 millones de personas pertenecían a ese segmento. Es decir, un número muy considerable de personas que estaban en situaciones muy críticas.

HINDUSTAN UNILEVER LIMITED. EL PROYECTO INDIO

Unilever es una multinacional con presencia en más de 160 países y cada día se consumen en el mundo más de 160 millones de productos de salud, higiene, belleza y nutrición de esta compañía. Unilever se fundó en 1930, aunque las compañías que se unieron para crear el negocio que hoy en día se conoce ya estaban bien establecidas en el siglo XIX. A finales de la década de 1890, William Hesketh Lever, fundador de Lever Brothers, escribió sus ideas para el jabón Sunlight, su nuevo producto revolucionario que ayudó a promover la limpieza y la higiene en la Inglaterra de la época victoriana. Estaba destinado a "hacer de la limpieza algo común, fomentar la salud y ayudar a lograr la belleza personal, para que la vida sea más agradable y gratificante para las personas que utilicen nuestros productos".

Hindustan Unilever Limited es la filial en la India del Grupo Unilever, grupo que cuenta con el 52,5% del accionariado de la misma[8]. Surgió de la fusión en 1956 de Hindustan Vanaspati Manufacturing, Lever Brothers India Limited y United Traders Limited, todas ellas subsidiarias del Grupo Unilever. En concreto, Hindustan Unilever

---

[7] Población de la India: 1.241.491.960 personas; población de China: 1.344.130.000 personas. Fuente: Banco Mundial, 2011.

[8] El resto del accionariado está compuesto, en su mayoría, por inversores privados nacionales e internacionales.

Limited fue la primera subsidiaria de empresas extranjeras en ofrecer el 10% de su accionariado al público indio.

En la actualidad, Hindustan Unilever Limited está considerada una de las principales empresas de bienes de consumo de la India y comercializa una amplia gama de productos de cuidado personal, detergentes, alimenticios y bebidas. En palabras de su director general[9], A. Shyamkumar, en una entrevista realizada directamente por Tomás Tomeo en 2011, la misión de la empresa es "lograr el cariño y el respeto de la nación al abordar las necesidades higiénicas, sanitarias y nutricionales de la población india". Dicha misión se basa en el concepto expresado por Shyamkumar de que "lo que es bueno para la India, es bueno para la compañía".

Los resultados presentados por la empresa en el ejercicio de 2010 muestran un beneficio neto de unos 358 millones de euros y una facturación de casi 3.000 millones de euros. En 2009-2010, la empresa registró un crecimiento del 6,4%, a pesar de la situación económica adversa (Hindustan Unilever Limited, 2010). Asimismo, en la última década, tanto el beneficio neto como la facturación de Hindustan Unilever Limited se han incrementado en un 60% (véase figura 7.1).

FIGURA 7.1
Evolución de los ingresos y beneficios de Hindustan Unilever Limited (2000-2010)

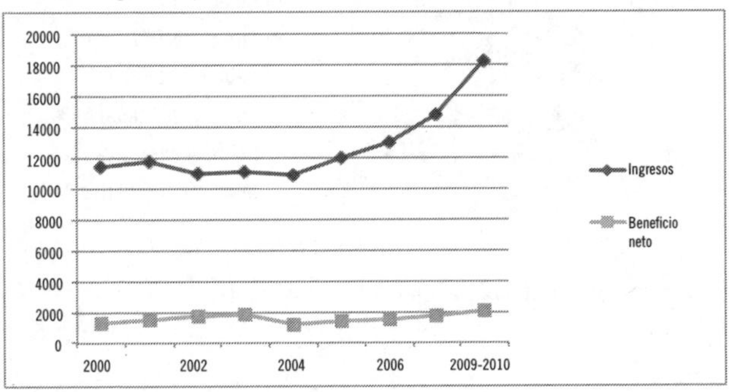

FUENTE: Hindustan Unilever Limited, 2010 | Nota: valores en rupias crores

---

[9] Director general de Unilever Food Solutions en la India y Sri Lanka.

En cuanto a la distribución por línea de producto, los detergentes y los productos de cuidado personal representan la mayoría de los ingresos de la empresa (véase figura 7.2). Como es lógico, también representan un porcentaje muy considerable del beneficio bruto de la empresa (hasta el 88,4%). Hay que señalar que los productos de cuidado personal disponen de un mayor margen, por lo que constituyen un porcentaje superior del beneficio bruto de la organización.

FIGURA 7.2. Ingresos y beneficio neto por segmentos de Hindustan Unilever Limited en 2010

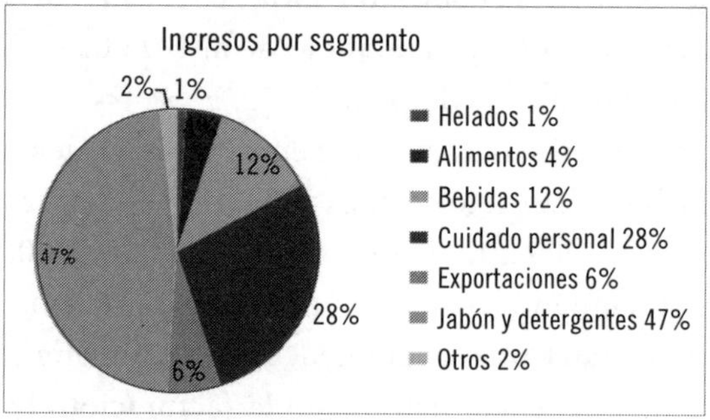

FUENTE: Hindustan Unilever Limited, 2010

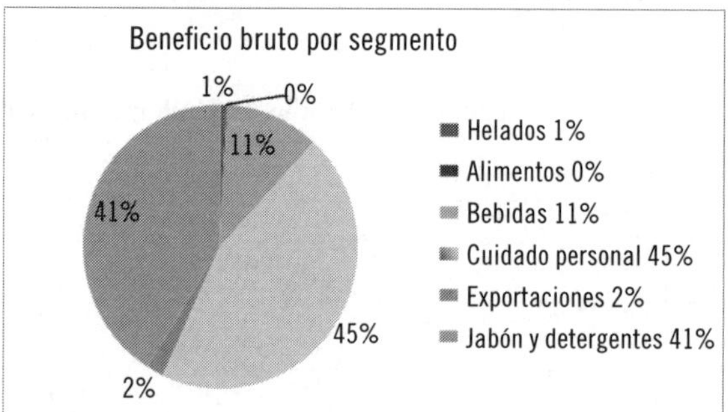

FUENTE: Hindustan Unilever Limited, 2010

Antecedentes

En 1987, Hindustan Unilever Limited decidió lanzar un detergente que tuviera como segmento objetivo a la población base de la pirámide de la India. Hasta la fecha, la estrategia de la empresa se basaba en aumentar la cuota de mercado en los segmentos de población con elevado poder adquisitivo.

La entrada de Hindustan Unilever Limited en el mercado de la base de la pirámide vino propiciada por la creciente competencia de Nirma Ltd., una empresa local. En la década de 1980, Nirma Ltd. logró obtener una cuota de mercado mayoritaria en el segmento de los detergentes entre la población base de la pirámide. Asimismo, la empresa decidió ampliar su gama de productos y empezó a ganar cuota de mercado en segmentos con un mayor poder adquisitivo, que tradicionalmente habían sido dominados por Hindustan Unilever Limited. Por ello, la filial de Unilever decidió introducir un detergente de bajo coste e inició una agresiva campaña de comunicación orientada a recuperar la cuota de mercado perdida.

Tradicionalmente, la estrategia de Hindustan Unilever Limited se había centrado en los mercados con rentas altas, donde predominaban los productos de precios y márgenes altos. En 1994, más del 81% de los hogares indios pertenecían a los dos grupos de ingresos más bajos del país (véase figura 7.3). La situación en 2006 mostraba una clara mejoría, aunque todavía casi el 60% de los hogares continuaba perteneciendo a dichos grupos.

FIGURA 7.3. Distribución de la población según nivel de ingresos

Grupo de ingresos	1994	2001	2006
Bajo (0-464)	86	59	40
Medio bajo (464-928)	45	72	79
Medio (928-1.444)	18	24	37
Medio alto (1.444-1.980)	7	14	21
Alto (> 1.980)	5	12	23
Total	161	181	200

FUENTE: Hindustan Unilever Limited, 2002b

La estrategia de Hindustan Unilever Limited estaba focalizada en las áreas urbanas, que es donde se concentraban los segmentos de población de alto poder adquisitivo. Sin embargo, en el año 2002, el 72% de la población se repartía en las zonas rurales. Esta estrategia significaba acceder a un número muy reducido de personas.

Tal y como se puede observar en la figura 7.4, la población de la India presenta una dispersión considerable. En 2008, en la India había registrados 638.365 pueblos; de éstos, sólo 3.064 tenían una población superior a 10.000 habitantes. Es decir, el 99,5% de la población reside en poblaciones inferiores a 10.000 habitantes. Y aunque las tasas de urbanización están teniendo un crecimiento muy fuerte, las previsiones indican que en el año 2025, más del 65% de la población seguirá siendo rural.

FIGURA 7.4.
Distribución de la población en los pueblos de la India

Población	Número de pueblos	% total
< 200	114.267	17,9
200-499	155.123	24,3
500-999	159.400	25
1.000-1.999	125.758	19,7
2.000-4.999	69.135	10,8
5.000-9.999	11.618	1,8
> 10.000	3.064	0,5
Total	638.365	100%

FUENTE: Kasturi y Rajan, 2008

En cuanto a infraestructuras se refiere, la mayoría de las carreteras indias no están en condiciones de ser transitadas fácilmente y únicamente el 50% de las poblaciones indias están conectadas por "infraestructuras razonables".

En la figura 7.5 se puede observar la distribución geográfica de la riqueza de la India por estados.

FIGURA 7.5
Mapa de la India
según la riqueza de sus estados

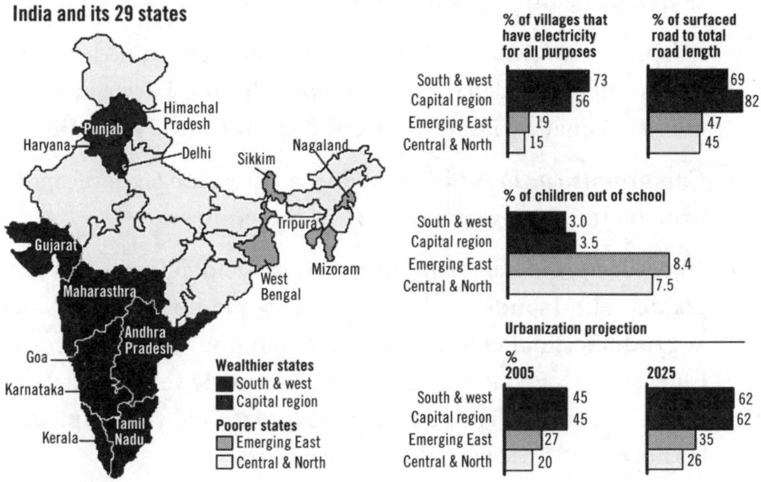

FUENTE: Ablett *et al.*, 2007

Equipo de trabajo

Hindustan Unilever Limited configuró un equipo de trabajo especialmente dedicado con el objetivo de desarrollar un nuevo modelo de negocio para el acceso a la base de la pirámide. Este equipo convivió durante 6 u 8 semanas con la población de la base de la pirámide con el fin de conocer en profundidad las características específicas propias de dicho mercado, medida que fomenta la adaptación de los directivos a la cultura de la zona.

Estrategia y modelo de negocio

Los principales puntos en los que se basó la estrategia y el modelo de negocio de Hindustan Unilever Limited fueron:

- ***Búsqueda del largo plazo.*** La dirección de Hindustan Unilever Limited comprendió que no podía esperar que el proyecto fuese rentable en los mismos plazos que para los países desarrollados; se trataba de un proyecto diferente.
- ***Adaptación al entorno.*** El equipo de trabajo coordinó las tareas de los diferentes departamentos creando una estrategia totalmente adaptada a las necesidades de la base de la pirámide.
- ***Compromiso de la Alta Dirección.*** La Dirección General apoyó firmemente el proyecto desde el primer momento.
- ***Hacer simple lo complejo.*** El nuevo modelo de negocio se replanteó eliminando cualquier proceso que no añadiese valor al producto final con el objetivo de eliminar todos los costes innecesarios. En las figuras 7.6 y 7.7 se puede ver el modelo de negocio inicial de Hindustan Unilever Limited y el adaptado a las necesidades de la base de la pirámide.
- ***Apoyo de las ONG***, lo que permitió una entrada más aceptada por el mercado al poder desarrollar una estrategia más adaptada a las necesidades del cliente.
- ***Sistema de distribución rural adaptado*** en función de los diferentes proyectos de la empresa.
- ***Innovación y tecnología.*** Hindustan Unilever Limited invirtió de manera considerable en innovar constantemente y en obtener la mejor tecnología. Tal y como mencionó V. M. Naik, subdirector del Centro de Investigación de Hindustan Unilever: "Necesitamos aplicar una ciencia y una tecnología de primera clase para resolver problemas sencillos y reducir el coste para el consumidor".

FIGURA 7.6
Modelo de negocio inicial de Hindustan Unilever Limited

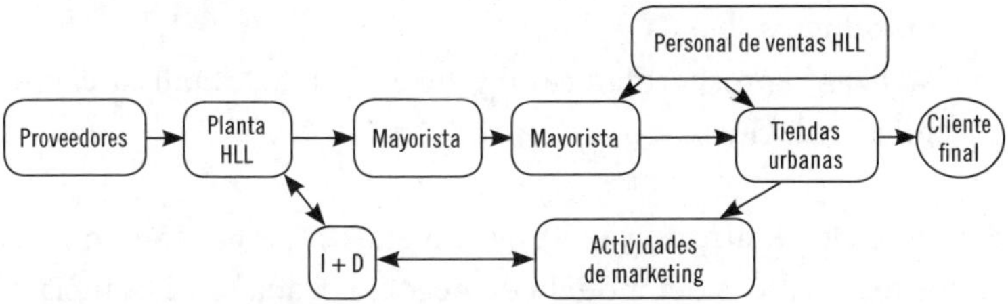

FUENTE: Sánchez (2009)

FIGURA 7.7
Modelo de negocio adaptado a la base de la pirámide

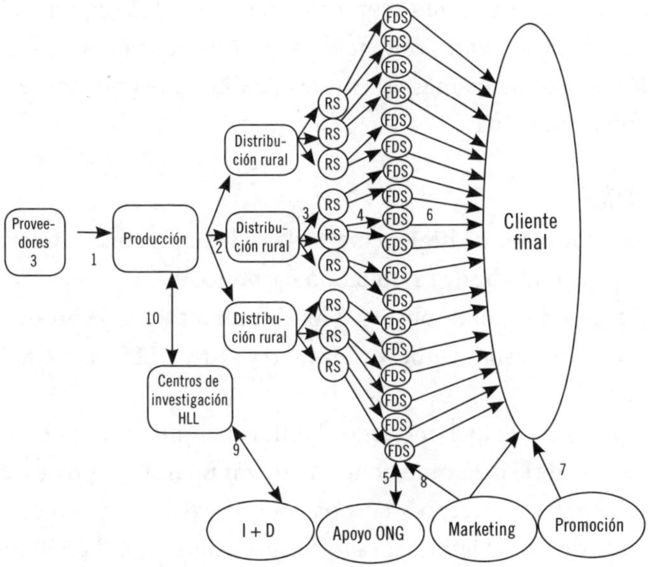

FUENTE: Sánchez (2009)

Aspectos críticos del modelo de negocio

Las metas del proyecto de Hindustan Unilever Limited en la base de la pirámide eran:

- Aumentar el alcance en el mercado rural.
- Cambiar ciertas actitudes respecto al uso de diversas categorías de productos.
- Catalizar la prosperidad rural y, de ese modo, impulsar el crecimiento del mercado.

Según S. Dhall, director del Proyecto Shakti[10], éstos eran los tres aspectos más críticos del modelo de negocio. Dada su relevancia, a continuación se detallan más específicamente.

Desarrollo de productos

Hindustan Unilever Limited segmenta sus productos según el nivel de ingresos de sus clientes potenciales. A continuación se analizan cuatro de los productos más relevantes de diferentes categorías, todas ellas bien conocidas.

Breeze y *Lifebuoy*

Se trata de productos de higiene para el cuidado personal. Breeze es un jabón floral y Lifebuoy es un jabón carbólico[11].

En la figura 7.8 se puede observar los diferentes tipos de productos que ofrecían Hindustan Unilever Limited y Nirma Ltd., su principal competidora.

Según pudo analizar Hindustan Unilever Limited, la población india de la base de la pirámide tiende a utilizar un único tipo de jabón para lavar el pelo, el cuerpo y la ropa, ya que existe una percepción generalizada de que el jabón para todos los usos es más beneficioso. Por esta razón, Hindustan Unilever Limited desarrolló Breeze, un jabón barato para el cuerpo que incluye ingredientes para el lavado

---

[10] El Proyecto Shakti se analiza en profundidad más adelante.

[11] Jabón antiséptico desinfectante cuyo componente principal es el ácido carbólico, de uso cotidiano en hogares y hospitales.

del cabello. Asimismo, la empresa percibió que el mercado de la base de la pirámide accede mejor al producto si éste está envasado en paquetes pequeños y muy ajustados de precio.

FIGURA 7.8
Productos de Hindustan y Nirma Ltd. según segmento

Tipo de jabón	Hindustan Unilever Limited	Nirma Ltd.
Jabón carbólico segmento bajo	Lifebuoy	Nirma Bath
Jabón de belleza segmento bajo	Lux	Nirma Beauty shop
Jabones florales	Breeze	Nirma Rose
Lima	Jai Lime	Nirma Lime
Premium	Jiril	Nirma Lime Fresh

FUENTE: Rodríguez, 2003b.

La estrategia de comunicación fue un gran reto a afrontar. Por un lado, la población pobre de la India desconocía mayoritariamente la importancia de la higiene. Por otro lado, los medios de comunicación tradicionales (televisión, radio, prensa) tenían muy poca presencia entre la población de la base de la pirámide. Ante esta situación, Hindustan Unilever Limited inició un plan de educación y comunicación poco convencional: desarrolló un sistema de promoción ambulante y una serie de representaciones teatrales por los pueblos. El resultado fue que la presencia de Breeze en la mente de los consumidores creció un 8% en seis meses y actualmente, el 50% de los 1.000 millones de dólares de facturación de jabón proceden del mercado rural, el segmento de bajos ingresos. Hoy en día, los productos de jabón y detergentes representan el 47% de los ingresos de Hindustan Unilever Limited.

En la figura 7.9 se puede ver la cuota de mercado de Hindustan Unilever Limited y de sus competidores.

FIGURA 7.9
Cuota de mercado de Hindustan Unilever Limited (HUL)
y de sus competidores

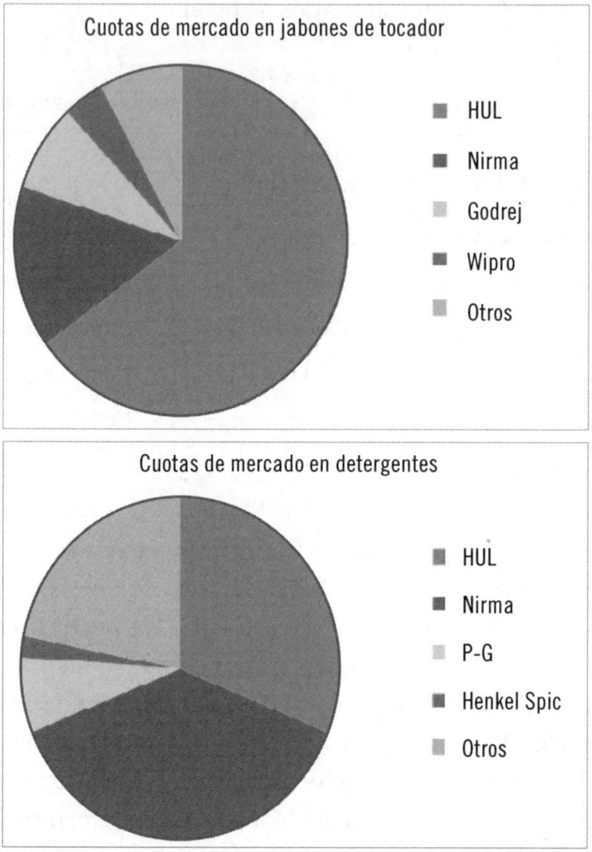

FUENTE: Rodríguez, 2003b.

Fair&Lovely

En la India, el color de la piel aporta un cierto estatus y tener la piel clara se considera un símbolo de posición social. Por este motivo, en las investigaciones que realizó Hindustan Unilever Limited, el 90% de las mujeres indias desearían utilizar cremas blanqueantes de piel. Las estimaciones cifraban este segmento de mercado en varios cientos de millones de dólares y en el año 2006 se calculó que la cuota de mercado de Fair&Lovely se situaba entre el 50 y el 70 por ciento.

Este producto estuvo sometido a muchas críticas. El producto era rentable y la cuota de mercado muy elevada. Sin embargo, hay quien considera que contribuye a denigrar la imagen de la mujer e, indirectamente, a promover el sistema de castas en la India. Asimismo, al ser un producto dirigido a la población de la base de la pirámide, las mujeres destinan, proporcionalmente, gran parte de sus ingresos en la compra del mismo en lugar de destinar ese gasto a otro tipo de productos considerados de mayor necesidad. De ese modo, las voces más críticas, consideran que este producto contribuye a aumentar el problema de la pobreza en la zona. En contraposición, Hindustan Unilever Limited asegura que Fair&Lovely crea nuevas oportunidades y amplía la variedad de opciones a elegir por parte de las mujeres de la base de la pirámide, lo que fortalece su posición.

Sal Annapurna

La OMS (Organización Mundial de la Salud) indica que la deficiencia de iodo es la mayor causa evitable de daño cerebral y retraso mental en todo el mundo, y en numerosas ocasiones se ha reconocido que la sal es la mejor manera de ingerir la dieta de iodo necesaria. Sin embargo, gran parte de la población india de la base de la pirámide continúa consumiendo sal no iodada debido, por un lado, a la falta de educación sobre la importancia del iodo en la dieta y, por otro, por no estar dispuesta a pagar el sobreprecio que supone comprar sal iodada.

En 1995, Hindustan Unilever Limited entró en el mercado de la sal con la marca Annapurna. El nombre Annapurna tiene un doble significado: por un lado es un macizo de 55 km de longitud situado en la cordillera del Himalaya y cuyo punto más elevado (8.091 m) es la décima montaña más alta del mundo, y por otro lado, en el hinduismo es el nombre de la diosa de la comida y la cocina.

En sus primeros años de funcionamiento, Hindustan Unilever Limited no obtuvo los éxitos esperados debido a la gran competencia con posicionamiento similar. Sin embargo, cuando en 1997 el Gobierno indio aprobó una ley que prohibía la comercialización de sal no yodada, Hindustan Unilever Limited se convirtió en la primera empresa en comercializar sal yodada. Además, la empresa también patentó el proceso que permitía eliminar la pérdida de yodo en la sal en el proceso de obtención y distribución. Hindustan Unilever Limited desarrolló una potente campaña de comunicación centrada en la importancia del yodo en la sal y las nuevas técnicas que permitían reducir la pérdida de yodo en la sal en el proceso logístico. También se diseñaron paquetes de sal más pequeños que los que se venían utilizando hasta ese momento con la finalidad de abaratar los costes y facilitar el acceso a la población de la base de la pirámide. Gracias a ello, en 2002 Hindustan Unilever Limited ya era la segunda empresa en el sector de la sal, con una cuota del 14% y un volumen de negocio de más de 14 millones de euros.

Wheel

En 1987, Hindustan Unilever Limited desarrolló Wheel, un detergente de bajo precio para competir directamente con el detergente de Nirma. Hasta ese momento, Hindustan Unilever Limited disponía del detergente Surf, posicionado en las clases de alto poder adquisitivo, y dominaba el mercado nacional de detergentes. Sin embargo, en 1985, Nirma se había convertido en el detergente más vendido de la India con una cuota de mercado superior al 61%, pues se trataba de un producto con mejor precio.

Wheel tenía un precio similar al de Nirma, disponía de un mayor poder de limpieza y era menos contaminante, ya que utilizaba menos agentes químicos. Asimismo, no era perjudicial para la piel ni dañino para la ropa. En 1989, Hindustan Unilever Limited imitó el proceso de producción de Nirma y consiguió tener una estructura de costes similar, tal y como se puede apreciar en la figura 7.10.

FIGURA 7.10
Coste de producción de Wheel y Nirma en 1989

	Wheel	Nirma	% Wheel	% Nirma
Materias primas	4.605	4.730	49,8%	51,1%
Embalaje	575	500	6,2%	5,4%
Otros	60	60	0,6%	0,6%
Costes de fábrica	295	225	3,2%	2,4%
Coste deuda	30	—	0,3%	0,0%
Support	425	150	4,6%	1,6%
PBI	–285	210	-3,1%	2,3%
Excise	1.470	1.545	15,9%	16,7%
Coste distribución	480	480	5,2%	5,2%
Impuesto de venta	680	700	7,4%	7,6%
Margen de distribución	915	650	9,9%	7,0%
Precio de venta	9.250	9.250	100,0%	100,0%

FUENTE: Ghoshal y Butler, 2002 | Rupias por tonelada

Hindustan Unilever Limited basó su comunicación en las ventajas de su producto sobre el de la competencia y se centró en enseñar la necesidad de lavar la ropa con jabón con regularidad, tratando de buscar las compras de repetición.

Para reducir costes logísticos y de personal, Hindustan Unilever Limited también trasladó las fábricas a las zonas próximas a las materias primas, como ya hacía su competidor Nirma Ltd.

Poco después de empezar a comercializar Wheel, las ventas de este detergente ya se habían situado al 50% de las ventas de Nirma y en 1990 logró posicionarse como la primera marca de Unilever en todo el mundo.

Sistema de distribución

El sistema de distribución es un factor estratégico clave para el acceso a la población de la base de la pirámide. Hindustan Unilever Limited convirtió su canal de distribución en una ventaja competitiva y su desarrollo pasó a ser su principal prioridad.

Los principales desafíos que Hindustan Unilever Limited tuvo que afrontar fueron la falta de infraestructuras que padece el país y el proceso de transporte a las diferentes zonas de la India, que hacían que el producto llegase más caro al mercado para poder ser rentable. Como ya se ha comentado anteriormente, la India es un país eminentemente rural y está constituida por una gran cantidad de pueblos diseminados por todo el territorio.

El sistema de distribución desarrollado por Nirma Ltd. era muy simple: inicialmente, el fundador de Nirma Ltd., K. Patel, vendía en persona los productos desplazándose en bicicleta por los pueblos. A medida que las ventas aumentaban, Patel tuvo que rediseñar el canal para poder acceder a un mercado mayor. Entonces la empresa contrató a personas para que actuaran como distribuidores a cambio de comisiones. Los distribuidores corrían con los costes del transporte y en contrapartida se llevaban un porcentaje del margen del producto. Para minimizar el riesgo, Nirma Ltd. exigía a los distribuidores que pagasen los productos al contado, siendo ellos mismos los únicos responsables de la venta del producto.

Por su parte, el canal de distribución tradicional que tenía Hindustan Unilever Limited era especialmente complejo. Entre la fábrica y el cliente final había tres intermediarios: mayorista, distribuidores y minoristas. Este sistema encarecía el producto y hacía que no fuese competitivo frente a rivales locales, como Nirma Ltd. Por este motivo, Hindustan Unilever Limited tomó la decisión de desarrollar gradualmente un nuevo canal de distribución para ser competitiva en el mercado rural y en un principio incrementó de manera significativa el número de tiendas propias en poblaciones de más de 2.000 habitantes. En la figura 7.11 se puede observar el canal de distribución tradicional de Hindustan Unilever Limited y el nuevo, que fue introduciendo paulatinamente.

FIGURA 7.11.
Proceso de distribución tradicional de Hindustan Unilever Limited (arriba) y adaptado a la base de la pirámide (abajo)

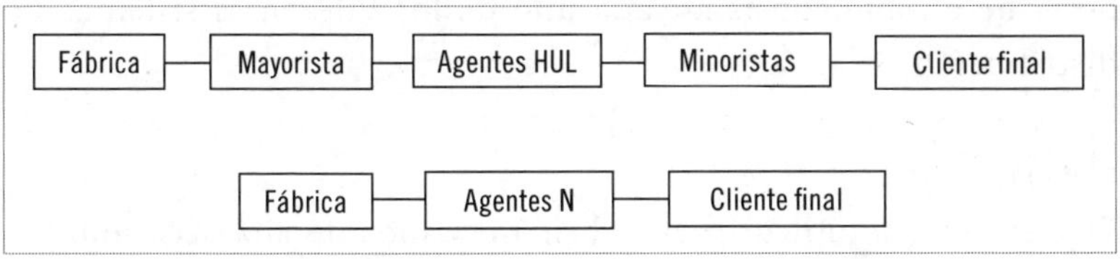

FUENTE: Elaboración propia

En la figura 7.12 se muestran los diferentes métodos para acceder al mercado adoptados por Hindustan Unilever Limited según el nivel de accesibilidad y su potencial de negocio. Según los estudios que realizó la empresa, los mercados que representaban un mayor potencial de negocio eran los compuestos por un conjunto de pueblos pequeños dispersos por todo el país.

FIGURA 7.12
Sistemas de distribución según segmentos

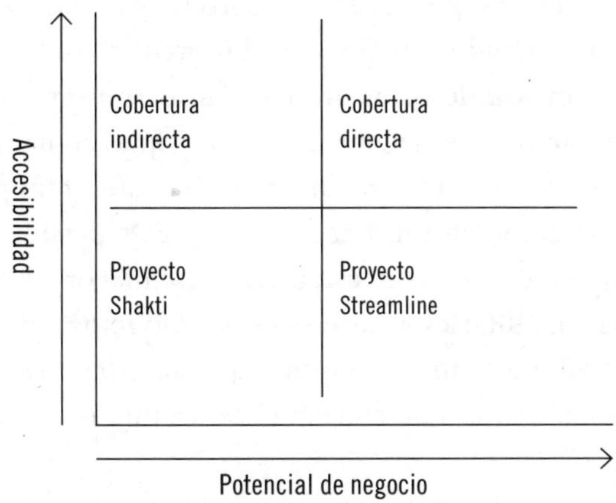

FUENTE: Elaboración propia

Para los mercados rurales con mayor accesibilidad se utilizaron sistemas de cobertura tanto directa como indirecta. Sin embargo, para los mercados con menor accesibilidad, se desarrollaron los proyectos Streamline (1997) y Shakti (2001). A continuación se describe en qué consistía cada uno de los diferentes sistemas de distribución.

Cobertura directa

Este sistema se utilizó para cubrir mercados de alta accesibilidad y alto potencial. El objetivo era cubrir ciudades de población entre 2.000 y 50.000 habitantes. Este sistema consistía en seleccionar agentes locales que se encargasen de contratar y distribuir a todas las tiendas minoristas de la ciudad.

Cobertura indirecta

Este sistema se utilizó para los mercados de alta accesibilidad pero de bajo potencial de negocio. El objetivo era cambiar el sistema que tradicionalmente venía utilizando Hindustan Unilever Limited en estos mercados. En el sistema tradicional, los minoristas de los pueblos pequeños debían acercarse a los mayoristas para conseguir los productos. Hindustan Unilever Limited introdujo el siguiente cambio: "Vamos a llevar el producto a los minoristas". Con esta premisa, desarrolló un sistema logístico en que asignaba a un agente local el trayecto que debía recorrer por los diferentes pueblos para abastecerlos, como mínimo, cada 15 días. Esto permitió incrementar el volumen de ventas al establecer una mayor relación con los minoristas y facilitarles el acceso a sus productos. Hindustan Unilever Limited era la única empresa que accedía a estos mercados directamente, con lo que consiguió tener una importante ventaja competitiva.

En la figura 7.13 se muestra el modo de funcionamiento del canal de cobertura indirecta y cómo cada mayorista tenía asignado una serie de pueblos a los que abastecer.

FIGURA 7.13
Canal de cobertura indirecta

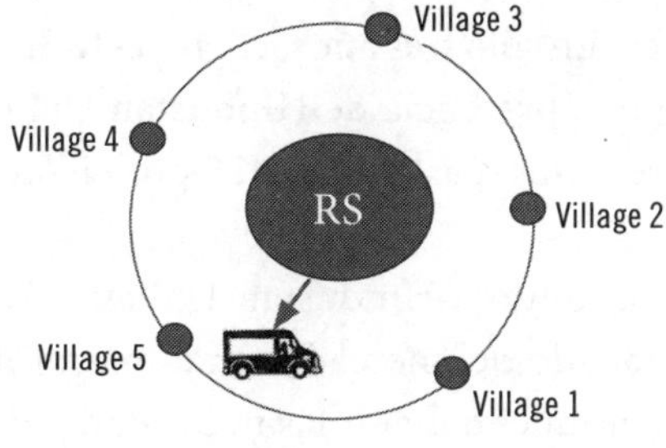

RS: Rural stockist o mayorista

FUENTE: Steger, 2005a.

Proyecto Streamline

Este proyecto se utilizó para acceder a los mercados de alto potencial pero de baja accesibilidad. El objetivo era penetrar en las poblaciones de menos de 2.000 habitantes que disponían de infraestructuras muy limitadas. Mediante este sistema, un distribuidor rural abastecía a grupos de submayoristas locales. A su vez, éstos abastecían a los "vendedores estrella" de las comunidades locales, que eran los encargados de hacer llegar los productos a las poblaciones más remotas. En la figura 7.14 se muestra el proceso desarrollado en este sistema.

FIGURA 7.14
Sistema de distribución Streamline

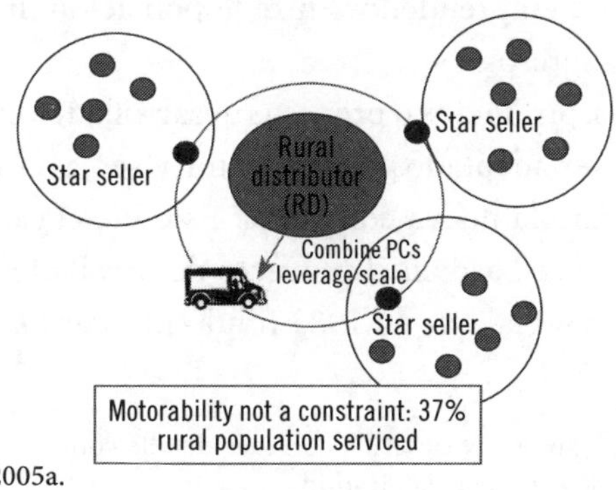

FUENTE: Steger, 2005a.

Este sistema permitió acceder a un mercado potencial de 220 millones de personas (tres veces la población de Alemania) distribuidos en 100.000 pueblos. En sólo tres años, el proyecto Streamline supuso un gran cambio en la presencia de Hindustan Unilever Limited en los pueblos más remotos, pasando del 25 por ciento en los mismos al 37 por ciento.

Este proyecto permitió a Hindustan Unilever Limited tener un conocimiento detallado del mercado rural más profundo y de este modo pudo atender mucho mejor las necesidades de los clientes de la base de la pirámide.

Proyecto Shakti

Este proyecto se utilizó para acceder a los mercados de bajo potencial y baja accesibilidad. En el hinduismo, Shakti es la diosa madre, la fuente de todo, los principios universales de la energía, el poder o la creación. Todo dios en el hinduismo tiene su diosa Shakti y sin ella no tiene ningún poder. En el tántrico tradicional también se conoce como Shiva. Shakti es inseparable de aquel que la sostiene, del Shakti man (también llamado brahmán), el principio masculino o padre Universal.

En este caso, el objetivo era doble. Por un lado, se pretendía aumentar considerablemente la penetración de Hindustan Unilever Limited en las zonas rurales. Por otro lado, el proyecto podía tener un impacto social importante en la población rural de la India al promover el espíritu emprendedor entre la población, incrementando así su nivel de ingresos.

En ocasiones, productos o procesos desarrollados con éxito en un sector pueden ser adaptados a otro sector y ser, a su vez, un nuevo caso de éxito para la nueva compañía. Éste fue el caso del proyecto Shakti, ya que se basó en el proyecto desarrollado por Grameen Bank[12], el banco social que en 1983 fundó Muhammad Yunus (pre-

---

[12] En el capítulo siguiente se describe con más detalle cómo Grameen Bank accedió al mercado de la base de la pirámide.

mio Nobel de la Paz en 2006) para facilitar el acceso al crédito a la base de la pirámide a través de pequeñas cantidades de dinero.

Hindustan Unilever Limited ofrecía o bien facilitaba el acceso al crédito a grupos de mujeres relativamente pequeños (grupos de autoayuda de entre 10 y 15 mujeres). Estas mujeres tan sólo debían demostrar que eran capaces de ahorrar determinada cantidad de dinero. Hindustan Unilever Limited ofrecía a los grupos aprobados la oportunidad de colaborar con ellos comercializando sus productos. Los receptores de los microcréditos eran las mujeres. Se seleccionó a éstas porque la mujer india era el principal cliente objetivo de los productos de Hindustan Unilever Limited. Asimismo, las mujeres indias tendían a mostrar un mayor compromiso y más responsabilidad y tenían mayor disponibilidad para trabajar.

Hindustan Unilever Limited creó la figura de la "emprendedora Shakti". Esta mujer era una representante de los grupos de autoayuda cuya función era comprar los productos a la empresa con el crédito obtenido y comercializarlos posteriormente.

En la figura 7.15 se muestra el modelo planteado por Hindustan Unilever Limited con este proyecto.

FIGURA 7.15
Sistema de microcrédito diseñado por Hindustan Unilever Limited

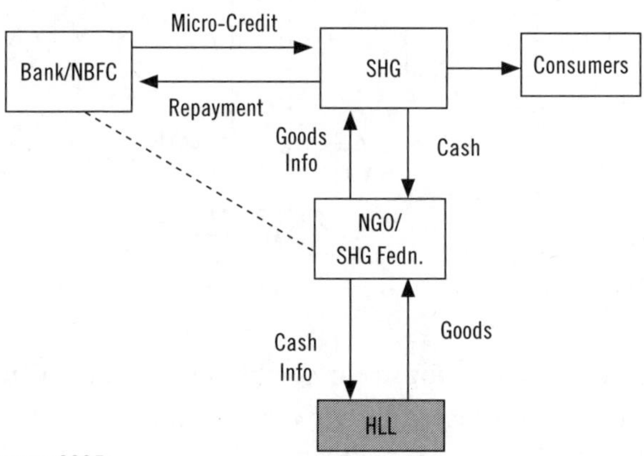

FUENTE: Steger, 2005a

La representante de los grupos de autoayuda compraba los productos necesarios a Hindustan Unilever Limited y abastecía al resto de miembros del grupo, que eran los encargados de vender a los minoristas o al consumidor directamente. Otra de las funciones importantes de la representante era impartir la formación necesaria al resto de mujeres del grupo para poder vender los productos correctamente.

En la figura 7.16 se observa el sistema de distribución mejorado. Inicialmente se utilizaron una serie de federaciones y ONG que aglutinaban a los grupos de autoayuda. Sin embargo, para eliminar costes en el proceso, se eliminaron estas federaciones y ONG en la cadena de distribución. De todos modos, se sigue colaborando con las ONG con el objetivo de facilitar el acceso al crédito de los grupos de autoayuda.

FIGURA 7.16
Sistema de microcrédito mejorado diseñado
por Hindustan Unilever Limited

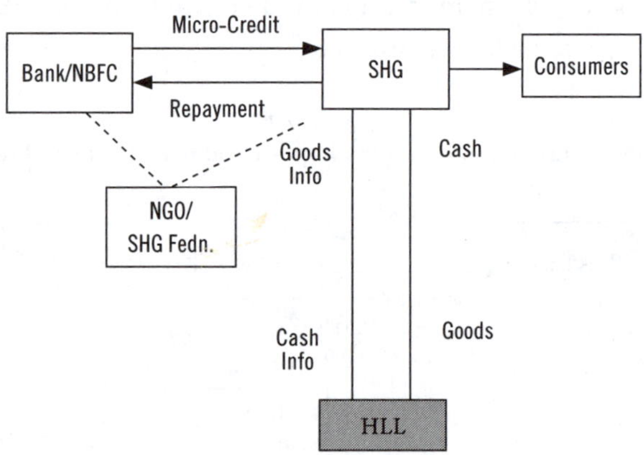

FUENTE: Steger, 2005a

El proyecto Shakti supuso un cambio en el modelo tradicional de concesión de microcréditos. Se ofrecía un proyecto finalista. La obtención del crédito no era el final del proceso, sino que se ofrecía a la población rural una posibilidad concreta y real de incrementar sus ingresos. Se fomentaba el espíritu emprendedor. Era el comienzo de una nueva etapa.

En la figura 7.17 se indica el modelo tradicional de concesión de microcréditos utilizado hasta entonces.

FIGURA 7.17
Sistema tradicional de microcrédito

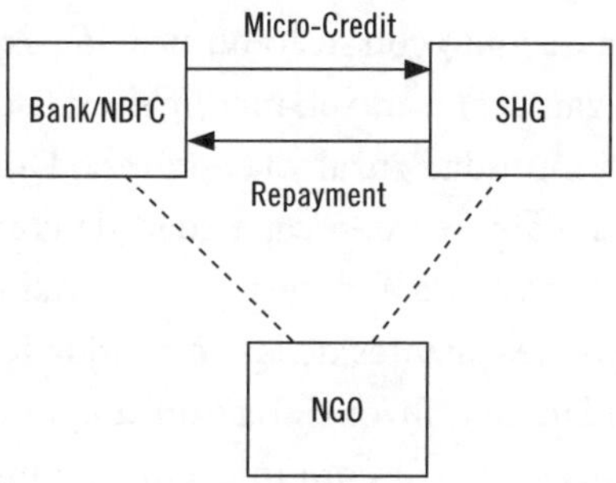

FUENTE: Steger, 2005a.

Las vendedoras Shakti tenían la opción de vender los productos de Hindustan Unilever Limited a los minoristas o al consumidor final. Vender al consumidor final les suponía un volumen inferior pero un mayor margen al eliminar la intermediación del minorista. En la figura 7.18 se muestran diferentes márgenes en función del tipo de cliente.

FIGURA 7.18.
Márgenes del distribuidor sobre la venta
de productos de Hindustan Unilever Limited

Venta	**Márgenes de la agente sobre el precio minorista promedio**
Hogar de la agente	11%
Al consumidor final	11%
Reuniones de grupo	6%
Minoristas	3%

FUENTE: Prahalad, 2005.

Cada vendedora manejaba unos 500 clientes; esto le suponía unos ingresos netos muy considerables situados entre los 15 y 22 dólares mensuales. En muchas ocasiones podía llegar a suponer multiplicar por diez los ingresos mensuales que disponían hasta entonces.

El sistema se mejoró con la creación de la figura del "promotor de ventas rurales", cuya función era orientar y formar a las emprendedoras, permitiendo profesionalizar su actividad y ayudándoles a incrementar sus ventas.

El proyecto Shakti contó con su comunicación específica: se creó el programa Shakti Vani, centrado en incrementar la comunicación y el diálogo entre la comunidad rural y la empresa. De entre las mujeres locales, se escogía a alguien con capacidad de comunicación y con conocimiento en temas de la higiene y la salud. Así se entraba en contacto con los diferentes agentes de las comunidades locales para explicarles la necesidad de utilizar ciertos productos de higiene básica.

Mediante este programa de comunicación, también se creó la figura del Shakti man –que solían ser los maridos de las emprendedoras Shakti– y cuyo objetivo era incrementar la presencia de Hindustan Unilever Limited en las zonas rurales y crear corrientes de opinión positivas acerca de las marcas de la empresa.

El proyecto Shakti se lanzó en el año 2000 a través de un programa piloto en el estado de Andhra Pradesh y posteriormente se extendió a otras zonas con un potencial de negocio interesante. A finales de 2004, el proyecto Shakti contaba con más de 13.000 emprendedoras que cubrían más de 50.000 poblaciones de 12 estados diferentes; vendían a más de 70 millones de consumidores. P. Cescau, CEO de Unilever, afirmaba: "Shakti no es una actividad filantrópica, sino un plan de negocio serio y rentable". En 2007 los ingresos del proyecto Shakti se situaban en los 100 millones de dólares, lo que representaba un 4% de la facturación de Hindustan Unilever Limited.

En 2009, el proyecto Shakti contaba con 45.000 emprendedoras, abastecía a más 100.000 pueblos y vendía a más de 3 millones de clientes. En los pueblos donde se implantó el proyecto las ventas se incrementaron en un 17%. Los ingresos del proyecto Shakti suponen el 10% de los ingresos totales rurales de Hindustan Unilever Limited.

Estrategia de marketing

Una estrategia de éxito se fundamenta en conocer las necesidades del mercado y saber adaptarse a la demanda. Del mismo modo sucede cuando se desea acceder al mercado de la base de la pirámide. A continuación se detalla la estrategia que siguió Hindustan Unilever Limited.

Política de precios y estructura de costes

Habitualmente, las empresas suelen fijar los precios de venta partiendo de la suma de costes imputables a los productos y añadiendo el margen de beneficio que desean obtener. Sin embargo, Hindustan Unilever Limited empleó un sistema diferente.

El proceso empezaba con una serie de encuestas a la población de la base de la pirámide para conocer el precio que estaría dispuesto a pagar el cliente y una vez determinado el precio de venta, se restaba el margen necesario para la sostenibilidad del producto. Así se obtenía la cifra máxima de costes imputables con la que era necesario fabricar dicho producto.

Este sistema es radicalmente diferente del tradicional. El sistema de Hindustan Unilever Limited se centraba en el cliente y se adaptaba todo lo demás (margen y sistema de producción). El sistema tradicional, en cambio, es un sistema centrado en el producto, haciendo que el cliente tenga que adaptarse al producto y no al revés.

Entre 1977 y 1987, antes de que Hindustan Unilever Limited adoptase esta estrategia de fijación de precios, los precios de venta de sus productos eran muy superiores a los de Nirma Ltd. Por ejemplo, el detergente Surf, el principal detergente que ofrecía Hindustan Unilever Limited, era tres veces más caro que el precio medio del detergente Nirma.

En la figura 7.19 se observa la evolución de la cuota de mercado de Surf y Nirma en esa época. El precio fue, sin duda, uno de los factores principales que contribuyó a esa pérdida de cuota de mercado.

FIGURA 7.19
Evolución de las cuotas de mercado de Surf y Nirma (1975-1987)

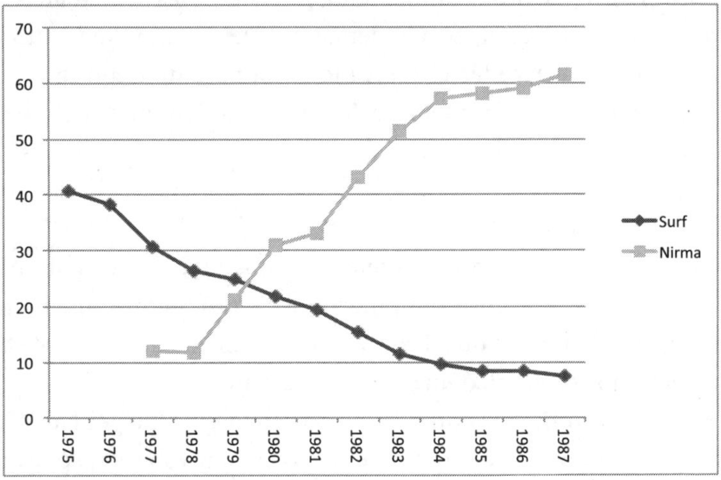

FUENTE: Ghoshal y Butler, 2002.

Hindustan Unilever Limited consideraba que su producto era de una calidad superior al de Nirma Ltd. y consideraba que podía fijar un precio mayor. Sin embargo, el mercado de la base de la pirámide no apreciaba esa diferencia.

En muchas ocasiones uno se tiene que preguntar ¿Qué es calidad? ¿Un atributo considerado de forma absoluta? ¿O una cualidad relativa en función de lo que el mercado va a apreciar? La calidad ¿se debe centrar en el producto o en el cliente? Fruto de esa reflexión se sucederá el posicionamiento que hay que darle al producto.

En la figura 7.20 se observa la estructura de costes totales de producción por tonelada de detergente Wheel y su competidor Nirma. Hindustan Unilever Limited consiguió mejorar en un 6% la estructura de costes de su competidor.

FIGURA 7.20
Coste de producción de Hindustan Unilever Limited y Nirma Ltd. en 1995

	Hindustan Unilever Limited	Nirma Ltd.	Dif.	Dif. (%)	Reparto Hindustan Unilever Ltd. (%)
Productos químicos	5.327	6.128	801	–13,07%	66,42%
Envasado	605	540	–65	12,04%	7,54%
Distribución	795	800	5	–0,63%	9,91%
Otros costes	1.293	1.069	–224	20,95%	16,12%
Total	8.020	8.537	517	[–6,06%]	100,00%

FUENTE: Rodríguez, 2003b.

Política de comunicación y de promoción

Hindustan Unilever Limited desarrolló nuevos métodos de comunicación para poder llegar a los clientes de la base de la pirámide. El esfuerzo principal se orientó en formar al consumidor en aspectos elementales, con el objetivo de educar a los clientes de la base de la pirámide. El concepto tradicional del marketing mix de las cuatro P (producto, precio, plaza y promoción) no es adecuado para acceder a la base de la pirámide. En este sentido, Kotler introduce en 2003 el concepto de las cuatro C, que podría utilizarse para analizar la estrategia de acceso a la base de la pirámide:

- *Customer value*: valor para el consumidor entendido como utilidad.
- *Customer costs*: coste para el consumidor.
- *Customer convenience*: comodidad para el consumidor.
- *Customer communication*: comunicación con el consumidor.

El marketing mix tradicional se centra principalmente en las necesidades de la empresa. Sin embargo, el enfoque de las cuatro C se centra primordialmente en las necesidades del cliente.

Hindustan Unilever Limited observó que sólo el 43% de la población rural india sabía leer y que únicamente el 57% disponía de acceso a televisión. La empresa descartó los sistemas de comunicación tradicionales, puesto que no hubieran funcionado, y centró sus esfuerzos en formar a la población de la base de la pirámide y en explicar los beneficios para la salud al utilizar sus productos.

Para llegar a la población rural se organizaron obras teatrales y campañas escolares para enseñar la importancia de la higiene personal. Los resultados no se hicieron esperar: las obras teatrales supusieron un crecimiento del conocimiento de Breeze del 8% y algo parecido sucedió con el detergente Rin Shakti.

Entre las numerosas campañas escolares, destacó la que se realizó en 1993, Likewise Pepsodent, cuyo objetivo era fomentar la higiene personal en las escuelas indias. Gracias a esta campaña se accedió a 180 escuelas del país y se interactuó con más de 150.000 niños.

Hindustan Unilever Limited posicionó de manera adecuada sus productos. Estudió en profundidad las ventajas de sus productos sobre los de la competencia y lanzó diversas campañas publicitarias en zonas objetivo destacando las diferencias de los distintos productos y remarcando el valor añadido aportado por el producto de la empresa.

Entre las diferentes acciones que se llevaron a cabo, cabe destacar las Khusiyon ki Doli o "furgonetas cine". Eran unas furgonetas itinerantes que mostraban de manera entretenida las ventajas de sus productos y el impacto positivo que podían llegar a tener en sus vidas. A día de hoy, estas furgonetas llevan recorridos más de 35.000 pueblos de los estados del norte.

La India es un país donde la religión tiene un peso específico importante e Hindustan Unilever Limited participó en los festivales religiosos para enseñar a la población india que, además de "limpiarse" el alma, era muy necesario a su vez limpiarse el cuerpo.

Los diferentes canales de distribución también tuvieron un impacto importante en la comunicación y promoción de la empresa. En concreto, el proyecto Shakti comentado anteriormente impactó de forma relevante en las emprendedoras Shakti al recibir la formación adecuada que después debían transmitir al consumidor final. Asimismo, el programa Shakti Vani tenía como objetivo educar a la población, lo que permitió incrementar las ventas de Hindustan Unilever Limited.

En 2003 se lanzó el programa piloto iShakti, dentro del proyecto Shakti. Se dotó de ordenadores con conexión a la red a una serie de pueblos para facilitar el acceso a información de las buenas prácticas de higiene y cómo les podían ayudar los productos de Hindustan Unilever Limited. Esta tecnología también se utilizó para facilitar la comunicación entre la empresa y la emprendedora Shakti. El proyecto iShakti demuestra que no necesariamente tiene que cumplirse el paradigma descrito anteriormente de que "sólo los países desarrollados aprecian y están dispuestos a pagar las innovaciones tecnológicas".

En muchas ocasiones no se trata de incrementar la cuota de mercado "robándosela" al competidor: lo mejor es crecer creando el mercado. Hindustan Unilever Limited se percató de que la mejor forma de crecer era aumentando la frecuencia de uso de sus productos. ¡Cree el mercado y haga que la competición sea irrelevante!

Ante esta situación de mercado, ¿cómo reaccionó Nirma Ltd.? En contraposición al caso de Hindustan Unilever Limited, Nirma Ltd. centró su estrategia en aumentar su presencia en las tiendas de los pueblos. Trató de generar una demanda ficticia: contrató a mujeres locales para que fuesen por las tiendas preguntando por sus productos y, de este modo, los minoristas comprasen productos de Nirma Ltd. y satisfacer así una supuesta demanda.

Nirma Ltd. también realizó una fuerte promoción de sus productos a través de sorteos y anuncios en radio. Las altas inversiones en publicidad y el bajo precio de sus productos en relación con los de Hindustan Unilever Limited permitió que consiguiera un conocimiento de la marca del 90%. Hindustan Unilever Limited contraatacó explicando los peligros que podía conllevar para la salud utilizar el detergente Nirma Ltd.: aseguraba que su detergente "era seguro en las manos y en la ropa" en comparación con el de Nirma Ltd.

Alianzas estratégicas

Un factor clave para cualquier estrategia de entrada a la base de la pirámide son las alianzas estratégicas con empresas o instituciones locales. Estas alianzas son fundamentales para lograr la "inclusión social" de la empresa entre la población de la base de la pirámide.

Inicialmente, Hindustan Unilever Limited había evitado entrar en los mercados de la base de la pirámide debido a la gran diferencia cultural y social que representaba dicha población. Para tender puentes que salvaran esa distancia, la empresa buscó alianzas con los gobiernos locales y las ONG de la zona para que colaborasen con ellos y promover así su entrada en la base de la pirámide con proyectos determinados. Según afirma C. Pandav, coordinador regional del Consejo Internacional para el Control y la Deficiencia de Yodo (ICCIDD, International Council for the Control of Iodine Deficiency Disorders): "Las ONG sirven de interfaces entre la gente, en especial los pobres y necesitados, y el sector privado y los gobiernos. En otras palabras, constituyen un vínculo entre los que tienen y los que no tienen. La fortaleza de una ONG como la nuestra es la competencia, el compromiso, la credibilidad, la colaboración y el tutelaje".

Hindustan Unilever Limited es miembro de la alianza Bhavishya, que se basa en diferentes acuerdos entre el sector privado, el gobierno y las ONG con el fin de tener un impacto positivo sobre los niveles de desnutrición indios. Hindustan Unilever Limited también estableció acuerdos con la UNESCO y las ONG locales interesadas en fomentar hábitos positivos de higiene entre la población rural, alianzas que permitieron desarrollar las obras teatrales mencionadas anteriormente por las zonas rurales de la India, fomentando prácticas de higiene y promocionando sus productos.

Como ya se ha comentado anteriormente, las estrategias de acceso al mercado de la base de la pirámide son escalables y se pueden replicar en otros países. En este sentido, el proyecto de Hindustan Unilever Limited para acceder a la base de la pirámide en la India sirvió para replicarlo con éxito en diversos países del sudeste asiático y de América Latina. De este modo, en 2003, Unilever y la ONG Oxfam acordaron realizar un trabajo conjunto sobre el potencial impacto de las actividades de Unilever en Indonesia en el nivel de pobreza de la población. Las conclusiones se podrían resumir en tres aspectos fundamentales:

El valor creado por Unilever Indonesia se distribuye verticalmente por toda la cadena de valor, desde la compra de las materias primas hasta la venta de los productos al consumidor final.

Unilever Indonesia genera tanto empleo directo como indirecto.

El impacto positivo de reducción del nivel de pobreza es significativamente mayor en aquellas zonas en las que Unilever colabora proactivamente con las instituciones locales y de carácter social.

NIKE INC. EL PROYECTO CHINO

Nike, que en griego significa victoria, es una multinacional estadounidense de ropa, calzado y complementos relacionados con el mundo del deporte. En el año 2010 su facturación superó los 19.000 millones de dólares y presentó un beneficio superior a los 1.900 millones de dólares. Su capitalización bursátil se situó ese año por encima de los 35.000 millones de dólares.

La sociedad se fundó en 1962, inicialmente con el nombre Blue Ribbon Sports. Empezó comercializando zapatillas deportivas de la empresa japonesa Onitsuka. A mediados de la década de 1960 se incorporó a la empresa Bill Bowerman, siendo entrenador de la Universidad de Oregon, con la misión de diseñar sus propias zapatillas.

Para vender sus propias zapatillas, además de una marca propia, Nike necesitaba un logotipo y encargó su diseño a la estudiante de diseño gráfico Carolyn Davidson. Se basó en una de las alas de la diosa griega Niké. Así creó el Swoosh de Nike, uno de los logos más conocidos a nivel mundial. Por estos servicios, Carolyn tan sólo facturó a la compañía 35 dólares. En 1983, Knight sorprendió a la diseñadora en una cena sorpresa con un anillo de diamantes con el Swoosh engarzado y un sobre con un número desconocido de acciones de Nike. El logotipo de Nike apenas ha evolucionado desde su creación en 1971, muestra del acierto del diseño inicial.

En 1971, Nike finalizó su acuerdo con Onitsuka y empezó a producir y comercializar sus propias zapatillas. En la década de 1980, la compañía realizó unas inversiones muy importantes en marketing y promoción, encabezada con la figura del jugador de baloncesto Michael Jordan. De este modo, la empresa consiguió un fuerte crecimiento en su cuota de ventas y en reconocimiento de marca.

Accediendo a mercados emergentes

En 1996, Nike decidió penetrar en mercados emergentes y creó un equipo orientado a la creación de un nuevo modelo de negocio. Nike estableció el siguiente objetivo: "Entrar y generar ingresos introduciéndose en mercados en los que Nike no estuviera implantada en la actualidad. Global en su concepción, local en su ejecución".

Tradicionalmente, Nike había segmentado sus diferentes mercados en cinco niveles en función de su poder adquisitivo, siendo el nivel 1 los grandes mercados desarrollados y el nivel 5 los mercados de alto riesgo y baja rentabilidad esperada. En la figura 7.21 se observa la clasificación de los mercados de Nike.

Hasta 1996, Nike se había concentrado en los niveles 1 y 2. En aquel momento la empresa consideró que esos mercados estaban muy maduros y que el crecimiento de la facturación sería muy complicado. Además, en 1998, los ingresos generados por los países situados en los niveles 1 y 2 suponían el 80% de la facturación mundial, lo que representaba un riesgo de concentración importante. El grado

FIGURA 7.21
Clasificación de mercados de Nike

Nivel	Características	Población (millones)	PIB per cápita (PPA) (miles de dólares)	Ejemplos de países
1	Mercados grandes desarrollados	>50	>20	Estados Unidos, Japón, Francia
2	Mercados pequeños desarrollados —Miembros de la Unión Europea	15	>20	Austria, Hong Kong, Australia
3	Mercados en desarrollo con un gran potencial — Población muy extensa y economía en desarrollo —Países pendientes de entrar en la Unión Europea	~1.000	2	India, China
4	Potencial limitado — Potencial de crecimiento limitado — Posibles riesgos monetarios, económicos o políticos — Geográficamente aislado		<5	Israel, Turquía, Países Bálticos, Brasil, Rusia
5	Mucho riesgo y poca rentabilidad — Mercado muy limitado — Elevados riesgos monetarios, económicos o políticos — Geográficamente remoto		<3	Armenia, Bielorrusia

FUENTE: Hart *et al.* (2002).

de apertura que inició Nike en esa época supuso que en 2010 ese nivel de concentración disminuyera hasta situarse en el 55%. En la figura 7.22 se puede ver la evolución de ingresos de Nike.

FIGURA 7.22
Ingresos de Nike por región

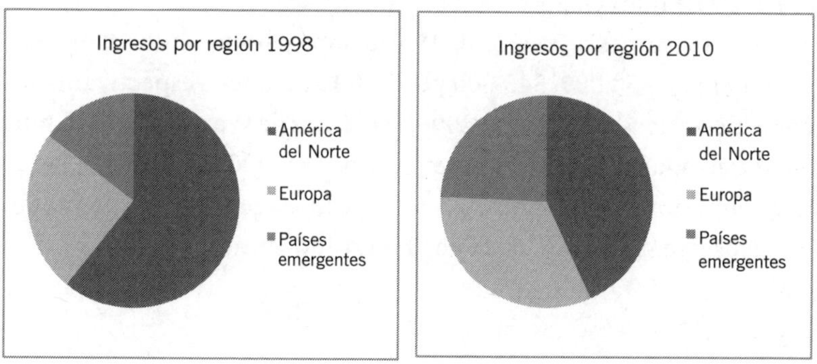

FUENTE: Nike, 2010.

El proyecto World Shoe

El equipo creado en 1996 derivó en 1998 en la creación del World Shoe Project, liderado por T. Hartge. El proyecto consistía en la creación de un nuevo tipo de zapatilla deportiva de bajo coste que fuese asequible para la población de la base de la pirámide en los mercados emergentes de Asia, África y América Latina.

Un estudio realizado en 1997 reveló que en China el 86% de los entrevistados practicaba algún deporte, lo que suponía que más de 1.000 millones de chinos hacía deporte, especialmente ciclismo y bádminton. Se trataba de un mercado de alto potencial que Nike no podía pasar por alto.

World Shoe estableció dos tipos de zapatillas diferentes, ambos orientados al mercado de la base de la pirámide: la Serie 400 y la Serie 100. La primera disponía de un diseño más avanzado y con materiales de mejor calidad que la segunda, lo que permitía venderla más cara. El precio de venta de la Serie 400 se situó en la banda 40-45 dólares y la Serie 100 en la banda 15-22 dólares.

El margen bruto de las líneas de productos tradicionales de Nike se situaba entre el 40 y el 50%. La compañía logró reducir sus costes de producción y con esa reducción consiguió situar los márgenes de la nueva línea de productos entre el 30 y el 50%. Más adelante se analizarán en profundidad las cuestiones referentes a la fijación de precios y de márgenes.

Las previsiones de ventas de World Shoe para los años 1999, 2000 y 2001 eran de 50.000, 545.000 y 930.000 unidades, respectivamente. Las expectativas eran que en 2000, las ventas de World Shoe en China igualaran a las del calzado superior y que en 2001 doblasen a las de línea superior. En la figura 7.23 se indican las previsiones de ventas, ingresos y márgenes de Nike en el mercado chino.

FIGURA 7.23.
Previsiones de ventas de Nike

Calzado de línea habitual	1999	2000	2001
Pares vendidos (miles)	506	550	575
Ingresos (millones de $)	150,5	183	192
Margen bruto (millones de $)	64,7	76,8	80,6
Margen bruto (%)	43	42	42
Proyecto World Shoe			
Pares vendidos (miles)	50	545	930
Ingresos (millones de $)	3,2	77,9	164
Margen bruto (millones de $)	0,8	28	64,3
Margen bruto (%)	28	36	39
Nike Corporation			
Pares vendidos (miles)	556	1.095	1.505
Ingresos (millones de $)	153,7	260,9	356
Margen bruto (millones de $)	65,5	104,8	144,9
Margen bruto (%)	43	40	41

FUENTE: Hart *et al.* (2002).

Al empezar 2001, las ventas del proyecto World Shoe se situaban en 404.520 unidades, una cifra un 25% inferior a las ventas previstas. Asimismo, se observó que un número considerable de consumidores chinos de productos tradicionales de Nike se decantaron por las nuevas zapatillas del proyecto World Shoe, con lo que se comprometía así el crecimiento de ingresos en cifras absolutas. Por otro lado, en 1999, la cuota de mercado de Nike era de un 17% mientras que la del principal competidor local era de casi un 53%. En la figura 7.24 se indican los ingresos de Nike y sus principales competidores.

FIGURA 7.24
Ingresos de Nike y sus principales competidores

Empresa	Ingresos	Empresa	Ingresos
Nike	260	Li Ning	800
Adidas	150	Kangwei	250
Reebok	50		
Total	460	Total	1.050

FUENTE: Hart *et al.* (2002).

En marzo de 2002, Nike decidió dar por finalizado el proyecto World Shoe al no cumplirse las previsiones de ventas inicialmente fijadas. Según el propio Hartge, los resultados del proyecto no vinieron propiciados por fuerzas externas a la empresa, sino por la dificultad de Nike para adaptar su modelo de negocio a las exigencias de un mercado diferente al habitual. El principal consejo que Hartge sugirió para cualquier iniciativa orientada a entrar en un mercado nuevo como el de la base de la pirámide, fue: "No infravalores la dificultad que supone cambiar el modelo de negocio".

El modelo de negocio

Para tener éxito en el proyecto de acceso al mercado de la base de la pirámide es fundamental establecer un nuevo modelo de negocio. Un "nuevo" modelo de negocio significa un concepto radicalmente diferente del que haya actualmente establecido: formas de pensar diferentes, actitudes transformadoras, visiones rupturistas y una adaptación completa al nuevo entorno.

Nike no triunfó en su proyecto de acceso a la base de la pirámide porque no creó un nuevo modelo de negocio. Tan sólo se limitó a adaptar el modelo tradicional a un mercado completamente diferente.

Los aspectos más destacables del "nuevo" modelo de negocio de Nike fueron los siguientes:

- ***Adaptación del modelo de negocio tradicional***
  Nike no introdujo un cambio radical, sino que se limitó a hacer determinadas modificaciones del modelo de negocio tradicional con el intento de adaptarse al nuevo mercado que deseaban atacar. En las figuras 7.25 y 7.26 se indican los modelos de negocio tradicional y el del proyecto World Shoe.

FIGURA 7.25
Modelo de negocio tradicional de Nike

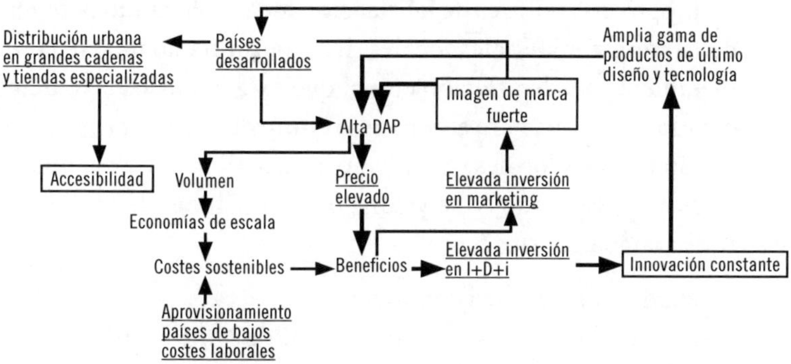

FUENTE: Sánchez (2009).

FIGURA 7.26
Modelo de negocio proyectado para World Shoe

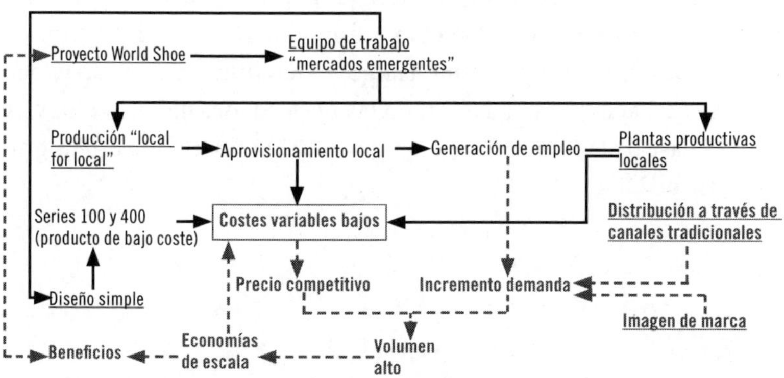

La información en gris muestra las consecuencias del modelo esperadas por las acciones planteadas por Nike. Pero nunca se dieron.

FUENTE: Sánchez (2009).

- ***Colaboración entre los equipos de diseño y de producción***
  Al contrario de lo que sucedía en el sistema tradicional, las zapatillas World Shoe se diseñaron de forma conjunta entre los especialistas de diseño y los de producción con el objetivo de evitar problemas de producción que encareciesen el producto. Esta colaboración permitió aumentar la eficiencia y reducir los costes.

- ***Fabricación local***
  Se adoptó una política de fabricación local, utilizando personal de la zona y materiales locales. Esto permitía adaptarse completamente a la legislación china, que exigía que los productos creados en China para el consumo chino debían ser producidos con materiales locales. Asimismo, se decidió utilizar la misma infraestructura que Nike ya disponía en China; de este modo se abarataban costes fijos.

- ***Estructura organizativa matricial***
  La estructura organizativa tradicional de Nike es matricial, es decir, un directivo debe reportar, por un lado, al director funcional correspondiente, y, por otro lado, al director geográfico de la zona en que se encuentre el proyecto. T. Hartge, responsable del proyecto World Shoe, dependía jerárquicamente del vicepresidente Asia-Pacífico y funcionalmente del director de Calzado. Esto supuso que Hatge tuviera limitada su capacidad de actuación para adaptarse a las necesidades del proyecto y de la base de la pirámide. En la figura 7.27 se observa el organigrama de Nike.

FIGURA 7.27
Organigrama de Nike

	Calzado	Ropa	Equipo	Finanzas
USA				
Europa				
Asia-Pacífico	Proyecto World Shoe			
USA				

FUENTE: Hart *et al.* (2002).

El sistema de distribución

El mercado chino de la base de la pirámide estaba muy disperso por toda la geografía del país, hecho que obligaba a crear un sistema de distribución eficiente, extenso y complejo.

El proyecto World Shoe decidió utilizar la misma infraestructura que Nike ya disponía en China. Inicialmente esta decisión contribuyó a disminuir los costes de distribución; sin embargo, posteriormente limitó la expansión de Nike a otros mercados geográficos al no disponer de infraestructura en esas zonas.

Por otro lado, esta infraestructura existente, hizo que el proyecto soportase unos costes de distribución elevados. La red de minoristas tradicional de Nike estaba acostumbrada a márgenes altos y para el proyecto World Shoe siguieron exigiendo el mismo nivel de márgenes de los que disponían con el calzado tradicional, lo que encarecía el producto.

El canal tradicional de Nike en China tenía un segmento objetivo muy definido. Este segmento lo formaban las personas de altos ingresos que eran capaces de pagar 65 dólares por unas zapatillas deportivas de calidad, en su mayor parte concentradas en las ciudades. Las ventas de zapatillas Nike de gama alta se limitaban a 3 ciudades, las tres grandes zonas de negocios en China y que han tenido un crecimiento urbano mayor: Shanghái, Beijing y Guangzhou, donde estaba situada la fábrica de Nike. Esta red de distribución era muy adecuada para el segmento de ingresos altos urbano, pero era totalmente inadecuada para cualquier estrategia de acceso a la base de la pirámide que tratase de llegar a las zonas rurales.

Por otro lado, al utilizarse el canal tradicional ya establecido, se produjo una cierta canibalización de sus propios productos. El cliente podía encontrar en la misma tienda los dos tipos de zapatillas del proyecto Worlkd Shoe, la Serie 100 y la Serie 400, junto con las zapatillas de gama alta. Así, el cliente de elevados ingresos podía comprar un producto de calidad y de una marca reputada como Nike a un precio muy inferior de lo que venía haciendo hasta ahora. De este modo, Nike no consiguió acceder al mercado de la base de la pirámide y además perdió ventas de zapatillas de gama alta a favor de las del proyecto World Shoe.

FIGURA 7.28
Minoristas de Nike y Li Ning en China

	Nike		**Li Ning**	
Shangai	30	7,73%	20	2,50%
Beijing	60	15,54%	30	3,75%
Guangzhou	42	10,82%	10	1,25%
Resto de China	256	65,98%	740	92,50%
Total China	388	100,00%	800	100,00%

FUENTE: Hart *et al.* (2002).

Si se comparan los puntos de venta de Nike con los de su principal competidor local, Li Ning, se comprenderá fácilmente las evoluciones de ventas de una y otra empresa. Tal y como se aprecia en la figura 7.28, Nike concentraba el 34% de sus puntos de venta en las tres principales zonas urbanas del país, mientras que Li Ning sólo el 8%. Por otro lado, el número de puntos de venta de Li Ning en las zonas fuera de los tres grandes núcleos urbanos casi multiplicaba por tres el número de minoristas de Nike.

Estrategia de marketing

Política de precios y estructura de costes

Nike consiguió reducir de forma considerable los costes de producción, pero las políticas de fijación de precios de venta se tomaron por departamentos independientes del proyecto, siguiendo los sistemas tradicionales. De este modo, se exigió un margen considerable al proyecto World Shoe, situado entre el 30 y el 50%, muy similar al tradicional. Esta política hizo que sus precios estuvieran por encima de los de su principal competidor local, Li Ning, y que fuesen difíciles de asumir por la población de la base de la pirámide.

En las figuras 7.29 y 7.30 se observa la distribución de costes de los productos Nike en términos absolutos y relativos.

FIGURA 7.29
Costes en el proceso de producción de Nike en términos absolutos

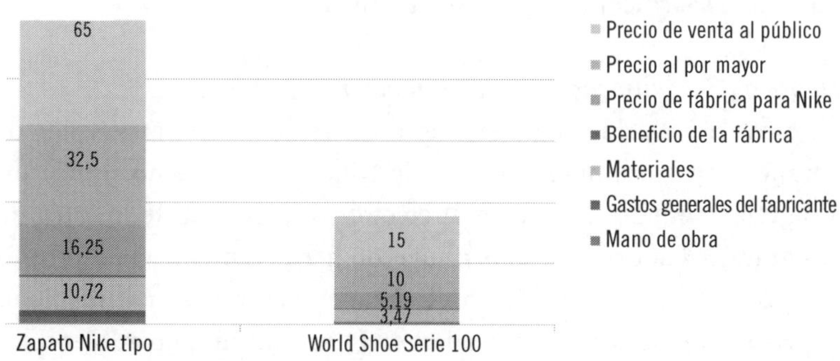

FUENTE: Hart *et al.* (2002).

FIGURA 7.30
Distribución de costes de Nike en términos relativos

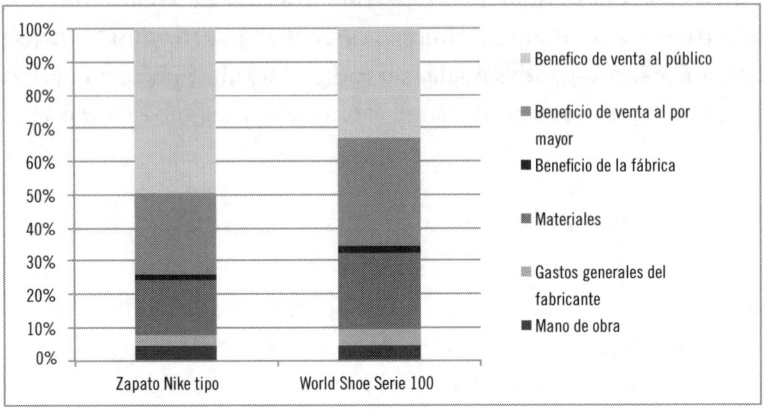

FUENTE: Hart *et al.* (2002).

La multinacional estableció como principal objetivo que Nike China aportase un 0,50% de los resultados globales de Nike. El proyecto World Shoe quedó metido dentro del paraguas de Nike China, lo que propició que la empresa se centrase principalmente en los productos que podían aportar mayor margen a la cuenta de resultados en lugar de favorecer las políticas orientadas a un crecimiento sustancial de la penetración y el volumen de ventas, aunque esto supusiera sacrificar una parte del margen.

Política de comunicación y de promoción

El proyecto World Shoe se integró dentro de la estrategia de comunicación y promoción global de Nike, por lo que no contó con ninguna campaña específica al efecto. Éste fue, sin duda, otro de los grandes factores que contribuyeron negativamente al desarrollo del proyecto. Las campañas tradicionales, centradas en publicidad y patrocinio, no siempre resultan efectivas en un mercado con las características de la población de la base de la pirámide, con grandes limitaciones de acceso a la tecnología.

Otro de los efectos adversos que se pudo producir fue un cierto deterioro de la marca Nike. Por lo general, la marca Nike está asociada a unas zapatillas deportivas de alta calidad, a precios elevados y que son utilizadas por los principales deportistas de élite. Sin embargo, al tener que dar cabida al proyecto World Shoe dentro de la estrategia global de comunicación, se transmitieron mensajes contradictorios a los consumidores respecto a la calidad y el precio de sus productos.

Esta estrategia fue modificada al acceder a la base de la pirámide en Tailandia: en este país sí que hubo campañas específicas adaptadas a la base de la pirámide. Más en concreto, Nike realizó un *road show* y un autobús recorrió las zonas rurales del país vendiendo y explicando las ventajas de utilizar las zapatillas Nike.

Alianzas estratégicas

Nike no estableció ningún tipo de alianza estratégica ni con los gobiernos locales ni con las ONG implantadas en las diferentes zonas. Muy posiblemente, haber establecido alianzas estratégicas con entidades de referencia locales, le hubiera permitido acceder a ciertos segmentos de la población de la base de la pirámide que hubieran visto en Nike una multinacional extranjera que ofrecía los productos a un precio inferior. Asimismo, podría haber permitido que las instituciones locales explicasen y educasen a la población acerca de las ventajas de utilizar unas zapatillas de calidad como las de Nike.

La probabilidad de éxito habría aumentado si Nike hubiera dedicado un cierto tiempo a integrarse en la comunidad local de la base de la pirámide y a establecer vínculos de confianza.

COMPARANDO EXPERIENCIAS

A continuación se indican esquemáticamente las principales diferencias entre ambos proyectos.

FIGURA 7.31. Comparación del proyecto de Hindustan Unilever Limited en la India y el de Nike en China

	Estrategia de marketing				
	Modelo de negocio	**Distribución**	**Precios y costes**	**Comunicación y promoción**	**Alianzas estratégicas**
Hindustan	**Empresa privada**	**Urbana y rural**	**Proceso inverso de fijación**	**Medios tradicionales y medios innovadores**	**Búsqueda de alianzas estratégicas para entrar en el mercado**
	Creado nuevo	Productos Bdp y productos no Bdp tienen una distribución independiente	Precios y márgenes similares a la competencia local	Estrategia de comunicación exclusiva para productos Bdp	Alianzas con ONG para buscar colaboración y aceptación de la población local
	Inversión en tecnología	Nuevos canales de distribución para los productos Bdp	Estrategia orientada a explicar a la Bdp los beneficios de pagar algo más por los productos de Hindustan	Educación social con colaboración de las alianzas estratégicas	Alianzas con gobiernos locales para buscar financiación y colaboración
	Organización parcialmente independiente	Acceso al crédito	Estructura de costes similar a la competencia local	Utilización de los canales de distribución como medio de comunicación	Estudios realizados con empresas locales sobre viabilidad de mercado
	Compromiso total de la alta dirección	Utilizado como medio de formación			
Nike	**Empresa privada**	**Únicamente urbana**	**Proceso normal de fijación**	**Medios tradicionales únicamente**	**Falta de alianzas estratégicas y acuerdos**
	Adaptado parcialmente	Productos Bdp y productos no Bdp tienen una distribución conjunta	Precios y márgenes superiores a los competidores locales	Misma estrategia de comunicación para productos Bdp y no Bdp	Al no ir a las zonas rurales, las alianzas no eran tan imprescindibles
	Inversión en tecnología	Canales de distribución habituales	Falta de estrategia orientada a explicar la diferencia de precios	Falta de estrategia de educación social con los agentes locales	
	Organización no independiente	Canales de distribución confusos respecto a los diferentes productos	Estructura de costes similar a la competencia local		
	Compromiso parcial y limitado de la alta dirección				

Conclusiones

Se han analizado aquí dos experiencias diferentes de grandes multinacionales que han utilizado estrategias de acceso al mercado claramente diferenciadas. Siguiendo los pasos clave descritos en este libro en el capítulo anterior como guía para acceder a los mercados de la base de la pirámide y adaptados a estos casos, tenemos que:

- **Creación de un nuevo modelo de negocio sostenible**
  Hindustan Unilever Limited creó un nuevo modelo de negocio sostenible en el tiempo completamente diferente del negocio tradicional. En palabras del director del proyecto World Shoe, de Nike, el principal consejo que Hartge ofrece para cualquier iniciativa orientada a entrar en el mercado de la base de la pirámide, es: "No infravalores la dificultad que supone cambiar el modelo de negocio".
- **Compromiso total de la Alta Dirección**
  Posiblemente se podría decir que Hindustan se comprometió con el proyecto mientras que Nike se implicó. Para Hindustan Unilever Limited, el proyecto era su razón de ser. Para Nike, el proyecto era uno más.
- **Autonomía del equipo de trabajo**
  El equipo de Hindustan Unilever Limited era completamente autónomo e independiente para la toma de decisiones. Sin embargo, el proyecto de Nike estaba enmarcado en la estructura organizativa matricial tradicional, sometido a las exigencias de la jerarquía de país y de la jerarquía funcional.
- **Establecimiento de alianzas estratégicas locales**
  Hindustan Unilever Limited se metió de lleno en la sociedad estableciendo muchas alianzas estratégicas con gobiernos locales y ONG de la zona. Nike, sin em-

bargo, realizó sola el proceso de acceso al mercado de la base de la pirámide.

- **Desarrollo de un nuevo sistema de distribución**
  El sistema de distribución desarrollado por Hindustan Unilever Limited fue completamente novedoso respecto a lo que habitualmente venía haciendo la compañía. En cambio, Nike utilizó el mismo canal que ya tenía establecido, confundiendo al canal con la nueva línea de negocio.
- **Precios competitivos, adaptados a las posibilidades de la población**
  Hindustan Unilever Limited utilizó una estrategia centrada en el cliente, determinó lo que el mercado estaría dispuesto a pagar y fijó su margen comercial (muy inferior al tradicional); de este modo estableció el coste que debía tener el producto. Nike, por otro lado, utilizó una estrategia centrada en producto, redujo los costes cuanto consideró necesario y añadió su margen comercial (muy similar al tradicional); de este modo estableció el precio de venta.
- **Comunicación y educación social. Un binomio inseparable**
  Hindustan Unilever Limited utilizó una estrategia de comunicación claramente diferenciada de la tradicional; asimismo, utilizó medios para la educación de la población, contribuyendo así a su desarrollo social. Nike utilizó una estrategia paraguas dentro de su estrategia global de comunicación, impulsando conjuntamente la línea de productos tradicional y la nueva línea World Shoe. Esta actuación motivó una cierta contradicción en el posicionamiento de la marca y un cierto deterioro de su imagen.

[Capítulo 8]

Es posible

En este capítulo se pretende poner de manifiesto una serie de realidades empresariales que acreditan que el mercado de la base de la pirámide tiene un amplio potencial para las empresas privadas y que es posible acceder a este mercado de una forma sostenible y rentable, contribuyendo al desarrollo social de la población y permitiendo así la continuidad empresarial.

Los casos aquí descritos son de sectores diferentes y acceden a mercados distintos geográficamente hablando, lo que contribuye a la idea de que se puede acceder a este mercado potencial tan amplio.

Se tratan los sectores:

- Cuidado de la salud (healthcare)
- Banca y finanzas
- Muebles
- Construcción
- Alimentación
- Tecnología/ordenadores
- Envasado (packaging)
- Textil
- Telefonía
- Agua

Cada empresa parte de situaciones empresariales diferentes, cada una con su punto de partida. Pero todas tienen en común que para acceder a estos nuevos mercados desarrollaron un nuevo modelo de negocio. Sin esta nueva manera de pensar hubiera sido imposible acceder con éxito al mercado de la base de la pirámide.

A nivel geográfico, los ejemplos aquí representados pertenecen a países de cuatro continentes diferentes:

- La India
- España
- Brasil
- México
- Kenia
- Bangladesh
- Perú
- Sudáfrica

ARAVIND EYE CARE

El porcentaje de ceguera entre la población de las zonas menos desarrolladas es mucho mayor que entre la población de las zonas desarrolladas. Las cataratas suponen la principal causa de ceguera en los países en vías de desarrollo y la desnutrición es una de sus principales causas.

El 1976, la ceguera ya afectaba a más de 12 millones de personas en la India. Ese año, el doctor Govindappa Venkataswamy o "Dr. V" como se le llama afectuosamente, decidió fundar en la India el Aravind Eye Hospital, un centro oftalmológico sin ánimo de lucro que proporciona operaciones de cirugía de cataratas a precios bajos.

El doctor Venkataswamy nació en octubre de 1918 en Vadamalapuram, una población cercana a Madurai, y en 1944 se graduó en medicina en el Stanley Medical College en Madurai. Entre 1956 y 1976 el doctor Venkataswamy desempeñó diversas funciones relacionadas con la oftalmología en el Government Erskine Hospital. Su experiencia profesional le permitió concienciarse del tremendo problema que las cataratas suponían para la población india. A pesar de tratarse de una simple operación, numerosas personas de la población de la base de la pirámide padecían ceguera, lo que las inhabilitaba para realizar cualquier tipo de trabajo y se convertía en un círculo vicioso que empeoraba su situación. Cuando se retiró a los 58 años de edad vislumbró la posibilidad de iniciar su proyecto.

El crecimiento fue rápido. En el primer año de su fundación, el hospital tenía una capacidad para 11 personas, el segundo año ya disponía de 30 camas y el tercero, de 100 camas. El 1980, sólo 4 años después de su fundación, el hospital ya tenía una capacidad para 300 personas y 3 quirófanos.

En sus inicios, el hospital atendía a todas las personas, pudieran o no hacer frente a los costes de la operación. Posteriormente se construyó un hospital con capacidad para 400 personas destinado exclusivamente a atender a aquellas personas que no podían pagar su operación. Poco a poco se fueron abriendo diferentes hospitales en el mismo estado. En 2003, ya trabajaban 1.384 personas entre todos los hospitales.

Uno de los referentes del doctor Venkataswami para crear los hospitales Aravind fue McDonald's, multinacional que cocina millones de hamburguesas de forma rápida y barata. Su idea consistía en crear un sistema que alcanzara una mayor eficiencia, a través de la especialización intensiva, que permitiera ofrecer precios accesibles a los segmentos más pobres de la población.

Aravind adoptó un sistema basado en el concepto de una línea de producción con el fin de aumentar el número de operaciones. En los quirófanos, por ejemplo, hay camas contiguas de manera que mientras un paciente está siendo operado, el otro ya está preparado para la operación. De este modo, la productividad del hospital es espectacularmente alta. Así, el número de operaciones que un cirujano en Aravind realiza a la semana es seis veces mayor que el de un cirujano típico en los países occidentales.

El hecho de que Aravind sea una institución sin ánimo de lucro no significa que tenga que vivir exclusivamente de las donaciones públicas o privadas. Desde sus orígenes se concibió de forma sostenible en el tiempo y para ello sus ingresos debían superar a sus gastos. Una gran parte de los pacientes del hospital no pagan por el tratamiento, por lo que los ingresos provenientes de los clientes que pagan, sirven para sufragar el coste de los que no pagan e incluso para expandir las operaciones del hospital. En 2003, los donativos representaban el 1% de los ingresos totales.

La especialización ha sido el factor estratégico clave del éxito del sistema Aravind. La orientación que el doctor Venkataswami dio al hospital permitió que alcanzara niveles de prestigio notables a nivel nacional en el campo de la cirugía de cataratas. De este modo, clientes con alto poder adquisitivo también acuden al hospital para recibir tratamiento y ayudan a sufragar los costes de otros clientes que no disponen de dinero para pagar. Al mismo tiempo, la especialización ha permitido al hospital atender al enorme segmento de potenciales pacientes que existe en la India.

Otro factor clave del éxito fue la integración vertical, llegando a la fabricación de material quirúrgico y de los medicamentos necesarios para abaratar costes. En 1999, Aravind empezó a fabricar lentes para abaratar costes y evitar la dependencia de los proveedores internacionales cuyas importaciones encarecían el producto. Paulatinamente se fue extendiendo esta forma de hacer propia a los medicamentos y el material quirúrgico. El sistema de producción y gestión de Aravind ha dado como resultado que una operación de cataratas se pueda realizar por menos de 10 dólares.

En 2007 se realizaron más de 270.000 operaciones. Desde su fundación en 1976, Aravind ha operado a más de 2,8 millones de enfermos y más de 23 millones de pacientes han pasado por el hospital.

El uso de un "modelo de producción en serie" en las operaciones quirúrgicas suscitaba grandes dudas en la comunidad médica. Sin embargo, los datos muestran que el porcentaje de complicaciones, tanto quirúrgicas como postquirúrgicas, es incluso algo menor en los hospitales Aravind que en los hospitales del Reino Unido. El sistema de Aravind ha contribuido de forma importante a la mejora de la calidad, el volumen y la eficiencia del sector oftalmológico en la India.

En 2006 falleció el Dr. V. En la actualidad, el reto de Aravind es expandir su sistema de trabajo al resto del mundo.

BANCO SANTANDER. PROYECTO INTERNATIONAL EXPRESS

El Grupo Santander es un grupo financiero de primer nivel mundial que engloba los negocios financieros, de seguros e inmobiliarios. La historia del Santander comienza el 15 de mayo de 1857, cuando la reina Isabel II firma el Real Decreto que autoriza la constitución del Banco de Santander. Desde sus orígenes fue un banco abierto al exterior, inicialmente ligado al comercio entre el puerto de Santander, en el norte de España, e Iberoamérica. A lo largo de su historia ha adquirido diferentes bancos, tanto a nivel nacional como internacional, lo que le ha permitido un gran crecimiento. En 1957 ya era la séptima entidad financiera de España.

Tras una fuerte expansión internacional, actualmente el Banco Santander[13] es un banco comercial con sede en España y presencia en diez mercados principales; es el primer banco de la zona euro y se encuentra entre los quince mayores del mundo por capitalización bursátil, con más de 50.000 millones de euros al cierre de 2011. Hoy en día gestiona fondos por 1,383 billones de euros de más de 102 millones de clientes, a través de 15.000 oficinas. Tiene 3,3 millones de accionistas y 193.000 empleados. Es el principal grupo financiero en España y en América Latina, con posiciones muy relevantes en

---

[13] FUENTE: Banco Santander, 2012.

el Reino Unido, Brasil, Portugal, Alemania, Polonia y el nordeste de Estados Unidos. A través de Santander Consumer Finance, opera también en los países nórdicos y otras naciones europeas. Sus acciones cotizan en las bolsas de Madrid, Nueva York, Londres, Lisboa, México, Sao Paulo, Buenos Aires y Milán, y figuran en 63 índices distintos.

A principios de la década de 1990, España experimentó un crecimiento significativo de inmigrantes, crecimiento que se intensificó a finales de dicha década. En 2001, el Banco Santander observó que existía una oportunidad de negocio en la comunidad de inmigrantes extracomunitarios que residía en España, por lo que puso en marcha el proyecto International Express para convertirse en el principal banco para los inmigrantes.

La comunidad inmigrante puede ser considerada como perteneciente a la población de la base de la pirámide si se tiene en cuenta el concepto de pobreza relativa que se ha comentado anteriormente, ya que en muchas ocasiones este segmento de la población no puede satisfacer sus necesidades básicas.

Los inmigrantes tenían la necesidad de enviar dinero a sus familias en su país de origen. International Express se crea con una visión de largo plazo y con la expectativa de que los clientes que captasen con esta iniciativa permaneciesen en un futuro una vez hubieran podido prosperar económicamente. Esta oficina se abrió en una zona de alta concentración de inmigrantes y ofrecía diversos servicios:

- amplio horario de atención,
- facilidad en el envío de remesas de dinero a sus familiares en sus países de origen a través de acuerdos con entidades bancarias en los países de destino,
- facilidad en el acceso a pequeños créditos al consumo,
- desarrollo de una nueva cuenta que favorecía el ahorro sistemático a largo plazo.

En el primer año de actividad, esta oficina consiguió 3.207 clientes, un número muy superior al resto de oficinas convencionales.

Iniciativas como ésta fueron desarrolladas por diversas entidades financieras españolas y el sector bancario logró en 2002 una importante cuota en el negocio de remesas de dinero, que anteriormente estaba dominado por las compañías especializadas.

BHAGWAN MAHAVEER VIKLANG SAHAYATA SAMITI (BMVSS). EL PIE DE JAIPUR

Según un informe del National Sample Survey Organisation en 2002, más de 10 millones de indios, alrededor del 1% de la población total, sufren algún tipo de invalidez física. Se calcula que en el mundo viven entre 10 y 25 millones de personas mutiladas, 5,5 millones de las cuales se encuentran en la India.

En 1968 la ONG Bhagwan Mahaveer Viklang Sahayata Samiti (BMVSS), gracias al doctor P. K. Sethi, desarrolló una prótesis de pie y de las extremidades inferiores conocida como "pie de Jaipur".

El doctor Sethi[14] se percató de que sus pacientes tenían dificultades en recuperarse después de diferentes operaciones. Según palabras del doctor: "Después de operarles de polio, mis pacientes regresaban a sus casas y de nuevo adquirían malformaciones porque no tenían medios para conseguir aparatos protésicos. Entonces, ¿para qué servían mis operaciones?". Las prótesis disponibles en la India eran caras. Además, heredadas de los ingleses, no correspondían al estilo de vida oriental, ya que "estaban concebidas para gente que usa zapatos, gente que vive en una 'cultura de silla', con el pie en ángulo recto. El 90% de los indios pobres van descalzos y trabajan en cuclillas con el tobillo torcido".

El doctor Sethi desarrolló esta prótesis, que tiene un precio bajo, permite seguir trabajando incluso en lugares húmedos como el cam-

[14] FUENTE: *El pie de Jaipur*, Javier Moro.

po, es fácil de colocar y prácticamente no requiere ningún tipo de mantenimiento. El “pie de Jaipur” cumple con las necesidades básicas de la población amputada de la base de la pirámide.

La prótesis se comenzó a suministrar en la India, aunque en la actualidad hay centros de BMVSS en muchos países de Asia y África. En EE.UU. una prótesis de pierna cuesta alrededor de 8.000 dólares; el coste de los materiales para fabricar una prótesis del “pie de Jaipur” es de 12,54 dólares y el precio de venta de la mencionada prótesis asciende a tan sólo 30 dólares.

En palabras del doctor Sethi, “las soluciones desarrolladas localmente tienen muchas más probabilidades de sobrevivir porque nacen de la propia necesidad”. Había que idear algo distinto y no era nada fácil porque no existía ningún trabajo sobre el que poder inspirarse. “Nosotros teníamos que innovar. Y esto no sólo exigía más ciencia, sino también un entendimiento más profundo de nuestra sociedad.”

El doctor Sethi pensó en el caucho. Si era un material tan duro como para hacer rodar a los camiones por las terribles carreteras de la India, debía de valer para el andar humano. Como no disponía de trabajadores especializados, se le ocurrió buscarlos en la cantera de artesanos altamente cualificados que siempre ha existido en la India: curtidores, carpinteros, herreros, etc. Al principio todo fueron fracasos. “Lo fundamental, la principal innovación del diseño, fue suprimir la quilla metálica del interior. Nos costó mucho hacerlo porque pensábamos que el pie se rompería. Al final, después de años de experimentos, conseguimos una prótesis flexible, sólida y barata.”

Cuando se enteraron de que existía algo que podía cambiarles la vida, los discapacitados empezaron a llegar, primero por decenas y luego a cientos, al hospital donde trabaja el doctor Sethi. Llegaban pacientes de 60 años que llevaban 40 años arrastrándose por el suelo. “La idea tan extendida del fatalismo de los indios no es más que un prejuicio. Cuando se les ofrece algo para mejorar la vida, lo aprovechan”, reconoce el doctor Sethi. La cola del hospital de Jaipur a veces llega al medio kilómetro.

Los minusválidos vienen acompañados de sus familias y acampan hasta conseguir ser atendidos por el personal del taller de prótesis. Algunos esperan hasta tres semanas a que les llegue el turno. El hospital les proporciona dos comidas gratuitas al día. El comedor parece la corte de los milagros: entre muletas, carritos y sillas de ruedas, una multitud de minusválidos engulle lentejas y arroz en una algarabía general. Una pierna artificial significa para todos una vida normalizada.

El "pie de Jaipur" se fabricó con la idea de facilitar a la base de la pirámide el acceso a una prótesis que les permita mejorar su nivel de vida al poder reincorporarse al mundo laboral. En la actualidad, BMVSS coloca alrededor de 20.000 prótesis al año y es la compañía de prótesis más grande del mundo.

CASAS BAHÍA

En 2002, el 84% de la población brasileña[15] pertenecía a la base de la pirámide, es decir, más de 147 millones de personas. El poder de compra agregado de este segmento de la población es de 124.000 millones de dólares anuales, lo que da un dato individual ligeramente superior a los 840 dólares anuales.

La población de la base de la pirámide brasileña considera una necesidad disponer de radio o de televisión; tanto es así, que el número de personas con televisión es mayor que el número de personas con baño en casa. Se estima que en Brasil el 45% del gasto total en electrodomésticos y muebles lo realiza la población de la base de la pirámide.

En 1975, Samuel Klein funda Casas Bahía, una cadena de tiendas especializada en la venta de muebles y electrodomésticos para el hogar. En sus inicios la empresa vendía principalmente sábanas y telas a la población de la base de la pirámide y fue ampliando la gama de

[15] La población de Brasil en 2002 era de 176.029.560 personas.

productos hasta llegar a los electrodomésticos. Más tarde, uno de los problemas principales que tuvo que afrontar la empresa fue la imposibilidad de que sus clientes pagasen los precios de sus productos. Para facilitar el acceso a los productos, Klein desarrolló un novedoso sistema para la época: permitió a sus clientes pagar a plazos.

Hay tres factores que diferencian a Casas Bahía de su competencia:

- Atención al cliente, lo que permite establecer un fuerte lazo de unión con sus clientes.
- Fuerte inversión en marketing, mediante numerosas campañas publicitarias que la han posicionado como la cuarta marca más conocida de Brasil.
- Acceso al crédito a la base de la pirámide; Casas Bahía permite a la población de la base de la pirámide disponer de crédito para la compra de sus productos de una manera sencilla y rápida a través de sistemas que determinan la capacidad crediticia del cliente.

En 2004, Casas Bahía facturó más de 3.000 millones de dólares, daba empleo a más de 22.000 personas en cientos de tiendas repartidas por toda América Latina y se había convertido en la cadena de tiendas minorista de electrodomésticos y muebles del hogar más grande del país.

CEMEX. PROGRAMA PATRIMONIO HOY

CEMEX[16] es una compañía global de soluciones para la industria de la construcción que ofrece productos de alta calidad y un servicio fiable en más de 50 países en el mundo. Cuenta con una capacidad de producción de 96 millones de toneladas de cemento al año, 51 millones de metros cúbicos de hormigón y 158 millones de toneladas de áridos.

---

[16] FUENTE: CEMEX, 2012.

El origen de CEMEX se sitúa en 1906, cuando se funda en el norte de México la planta de Cementos Hidalgo. A finales de la década de 1960 la compañía inicia su expansión, primero a nivel nacional y luego a nivel internacional. En las dos últimas décadas, la empresa adquiere compañías cementeras en varios países hasta convertirse en una de las multinacionales líderes del sector con presencia en cuatro continentes.

Los clientes de CEMEX en México se dividen en dos segmentos:

- formal, formado por grandes clientes y altos ingresos,
- informal, formado por autoconstructores y clientes de bajos ingresos.

Tradicionalmente, la empresa cementera había centrado sus operaciones en el segmento formal. En 1994, CEMEX tuvo un descenso muy importante de las ventas y observó una excesiva dependencia del segmento formal, que era particularmente inestable dado que las compras de este segmento dependían de la situación económica del momento, no siendo así en el segmento informal.

En 1998, CEMEX decidió poner en marcha el programa Patrimonio Hoy, cuyo objetivo era captar clientes en el segmento de bajos ingresos. Las ventajas que este programa ofrecían al cliente eran:

- acceso al crédito, ya que el cliente podía recibir los materiales por adelantado,
- precios congelados durante 70 semanas,
- asesoría técnica,
- mano de obra,
- mayor rapidez en la construcción,
- reducción de los costes de construcción.

El modelo de financiación fue uno de los principales atractivos del programa. Tuvo un éxito importante, ya que se consiguió que la tasa de morosidad en 2002 fuese inferior al 1%. Asimismo, se fomentaba el ahorro, puesto que para poder acceder al crédito, el cliente debía aportar un mínimo antes de tener acceso a los materiales.

En 2002, los ingresos del programa fueron de 143 millones de dólares. En 2003, el programa contaba con más de 40.000 clientes y CEMEX había logrado recuperar la inversión de lanzamiento del programa. En 2009, más de 200.000 familias mexicanas se habían visto beneficiadas del programa.

Patrimonio Hoy es conocido y reconocido por ser la mejor práctica[17] a nivel internacional en viviendas de bajos ingresos. Este programa ha beneficiado a más de 355.000 familias en 45 ciudades de la República Mexicana, se han construido 2.200.000 m^2 y se han concedido más de 220 millones de dólares en créditos que se han pagado puntualmente en el 99% de los casos. Hoy en día tiene presencia en México, Colombia, Nicaragua, Costa Rica y República Dominicana.

FUNDACIÓN HEALTHSTORE. PROGRAMA CFWSHOPS

La Fundación HealthStore[18] es una ONG con base en Minnesota (EE.UU.) fundada en 1997 por Scott Hillstrom y Eva Ombaka. Su misión es mejorar el acceso a medicinas esenciales, asistencia sanitaria básica y servicios de prevención para niños y familias en los países en desarrollo utilizando modelos de negocio que mantengan los estándares, sean geométricamente escalables y consigan economías de escala.

La Fundación pretende "salvar vidas en África mediante un modelo de negocio basado en franquicias". Alrededor de 21.000 niños mueren cada día, la mitad de ellos en África. Dos terceras partes de ellos mueren por la falta de acceso a medicamentos de alta calidad y

[17] United Nations Human Settlements Programe, UN-Habitat Business Award 2009.

[18] FUENTE: The HealthStore Foundation, 2012.

medicinas esenciales que habitualmente cuestan menos de una taza de café. En Kenia, una gran parte de la población no dispone de acceso a la medicación básica. A pesar de que existe un número relativamente alto de puntos asistenciales de atención médica, éstos se concentran en las grandes urbes, por lo que la población rural queda desatendida al no disponer de asistencia médica o resultar ésta insuficiente.

En 2000, la Fundación HealthStore lanzó el programa CFWshops (Child and Family Wellness Shops), un conjunto de centros de asistencia médica y de medicamentos desarrollado mediante un modelo de franquicias. Los fundadores del programa CFWshops destacan la importancia de dicho modelo de franquicias. Los gobiernos de la población de la base de la pirámide no pueden afrontar el enorme gasto que supone un sistema sanitario gratuito, por lo que es necesario desarrollar un sistema que sea sostenible y se base en los principios del libre mercado, como es el caso de CFWshops.

Por lo general, las organizaciones basadas en modelos de franquicias, desde ExxonMobil a Marriott o Dunkin' Donuts, coinciden en los siguientes tres puntos:

- estandarizar el formato de negocio y las operaciones, para asegurar una calidad consistente a través de sus redes,
- escalar geométricamente a miles de localizaciones sirviendo a millones de personas anualmente y
- conseguir economías de escala de modo que cuanto más crecen, menor es el coste de servir a cada persona.

Los principales objetivos del proyecto CFWshops son:

- crear un sistema de aprovisionamiento de alta calidad y bajo coste de los medicamentos esenciales y hacer que éstos estén disponibles para la gente que las necesita cuando y donde los necesite;
- tratar las enfermedades infecciosas de la infancia en las comunidades donde viven los niños, reduciendo la congestión en

el sistema sanitario para que los recursos escasos puedan ser aplicados a otros que no serían fácilmente tratables;
- reducir la mortalidad infantil de los menores de 5 años de edad estableciendo planificación familiar para lograr que disminuyan los elevados niveles de crecimiento de la población;
- disminuir el desarrollo de microbios resistentes a los medicamentos mediante la provisión y uso adecuado de los medicamentos efectivos correspondientes;
- mejorar la salud de la comunidad mediante actividades educativas y preventivas.

El modelo de franquicias de CFWshops ofrece tiendas y clínicas. Tradicionalmente, las tiendas las compran trabajadores locales y son una forma de incentivar el espíritu emprendedor de la población local, mientras que las clínicas las compran enfermeras que, además, ofrecen otros servicios de diagnóstico y una mayor oferta de medicamentos; por lo general, las clínicas presentan un volumen de beneficios mayor que las tiendas. Los salarios de los propietarios de las franquicias dependen de la rentabilidad de su negocio, lo que sirve de estímulo para incentivar a los emprendedores.

La Fundación ofrece acceso al crédito a la población de la base de la pirámide. Los costes iniciales de abrir una nueva tienda ascienden a 1.700 dólares, por lo que HealthStore concede préstamos y medicamentos a precios bajos a las personas interesadas, al mismo tiempo que les ofrece ayuda y formación. En contrapartida, los propietarios se comprometen a mantener las normas y estándares de calidad y los precios de venta que exige la Fundación. En caso de incumplimiento, los franquiciados corren el riesgo de ver revocada su licencia.

En 2008, CFWshops disponía de 82 clínicas y tiendas abiertas en Kenia, que atendieron a más de 500.000 personas ese año. Hasta la fecha, CFWshops ha atendido a más de 3 millones de personas en Kenia y está empezando a expandir el modelo a Ruanda, estableciendo acuerdos con el Ministerio de Sanidad de dicho país.

CUADRITOS

El Grupo Industrial Cuadritos Biotek[19] es una empresa mexicana localizada en Celaya, Guanajuato. Fundada en 1961, se dedica principalmente a la fabricación, distribución y comercialización de productos lácteos (queso, crema, aderezos, yogur, leche) y de soja.

Su misión es llevar bienestar a todo el mundo a través de una alimentación sana, nutritiva y llena de amor. El Grupo funda su propósito en dar ese bienestar y ese amor a todos sus clientes y a todas las personas que integran su organización para que de este modo encuentren un desarrollo verdadero y prosperidad en la vida.

Se estima que 69% de la población en México pertenece a la base de la pirámide, lo que representa 72 millones de personas. El mercado de alimentos de la población de la base de la pirámide mexicana se estima en 42.000 millones de dólares.

En 1961, el fundador de la empresa, Héctor Gonzáles, observó que las empresas mexicanas desperdiciaban diariamente gran cantidad de comida caducada. Entonces, Cuadritos patentó una tecnología que le permitía procesar de manera segura la leche, el yogur y los vegetales caducados. Desde el inicio, la empresa empezó a procesar esos alimentos con el enfoque de orientar sus ventas a la población de la base de la pirámide. Gonzáles cerró múltiples acuerdos con diferentes compañías del sector lácteo para que Cuadritos pudiese recoger esos productos caducados, cuyo destino inicial era desecharlos, reprocesarlos de forma segura y volverlos a poner a la venta.

Cuadritos tomó dos medidas estratégicas que facilitaron la entrada de la compañía en el mercado de la base de la pirámide mexicana:

Alimentos proteínicos: la empresa decidió producir alimentos con una alta concentración de proteínas para luchar contra la elevada desnutrición que existe en la población de la base de la pirámide.

---

[19] FUENTE: Cuadritos 2012

Reducción de costes: la empresa utilizó un tipo de proteína diferente del habitual y se empaquetó el producto de manera simple; esto permitió reducir los costes, hecho que se tradujo en un precio de venta menor y, por tanto, muy accesible a la base de la pirámide.

GRAMEEN BANK

La palabra *grameen* significa "rural" o "pueblo" en el idioma bangla, mayoritario en Bangladesh.

Grameen Bank[20], también conocido como el "Banco de los pobres", ha transformado las convencionales prácticas bancarias eliminando los sistemas de garantías y creando un sistema bancario basado en la mutua confianza, la responsabilidad, la participación y la creatividad. Concede crédito a los más pobres entre los pobres en la zona rural de Bangladesh sin ningún tipo de garantía como contrapartida.

En 1983 Muhammad Yunus fundó Grameen Bank. El origen se remonta a 1976, cuando el profesor Yunus, director del Programa Económico Rural de la Universidad de Chittagong, puso en marcha un proyecto para examinar la posibilidad de un sistema de acceso al crédito para proveer servicios bancarios en las zonas rurales. Los objetivos iniciales del banco eran:

- facilitar el acceso a la banca para la población de la base de la pirámide,
- eliminar la explotación que las instituciones financieras realizan a la población de la base de la pirámide,
- crear oportunidades de autoempleo para una gran multitud de desempleados que hay en las zonas rurales del país,
- incorporar a los más desfavorecidos, especialmente las mujeres dentro de las familias más pobres, a una estructura organizacional que pueden entender y gestionar por sí mismos,
- transformar el círculo del fracaso en el círculo del éxito.

---

20 FUENTE: Grameen Bank 2012.

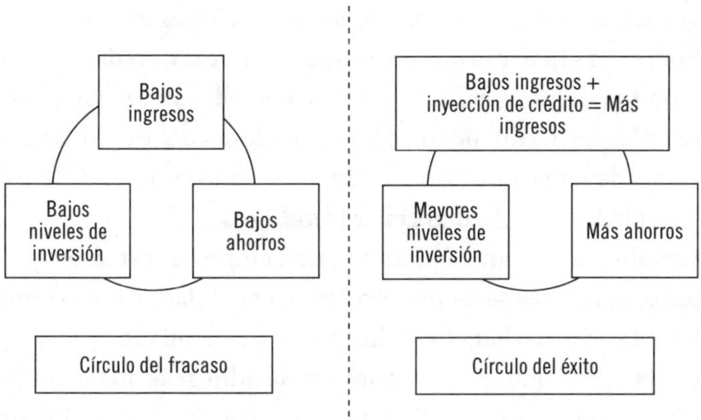

Yunus considera que el acceso al crédito es un poderoso instrumento que sirve como catalizador para el desarrollo socioeconómico de la población de la base de la pirámide, que ha sido tradicionalmente apartada del sistema bancario sobre la base de que es pobre y, por tanto, no bancarizable. Para Yunus, si los recursos financieros pueden ser accesibles por la población de la base de la pirámide en condiciones adecuadas y razonables, "estos millones de pequeñas personas con sus millones de pequeñas profesiones pueden llegar a crear, de manera agregada, el mayor prodigio del desarrollo". Se calcula que el acceso a los microcréditos permite un crecimiento de los ingresos familiares en un 72% de media.

Grameen Bank facilitaba el acceso al crédito a la población de la base de la pirámide con la condición de que formasen grupos de 5 personas y el crédito fuese solidario, es decir, que todos los miembros del grupo se responsabilizaban individualmente de la totalidad de la deuda. El banco facilitaba, en especial, el acceso del crédito a las mujeres, puesto que la experiencia demostraba que el índice de morosidad femenino era notoriamente inferior que el de los hombres.

En 1994, sólo 11 años después de su creación, el banco ya disponía de más de dos millones de clientes, el 94% de los cuales eran mujeres. Ese año se concedieron préstamos por valor de 385 millones de dólares.

La característica principal de las operaciones es que se trata de microcréditos (palabra que no existía antes de la década de 1970) con un bajo tipo de interés. Así, el importe medio por persona se sitúa en 125 dólares. La finalidad de las operaciones debe estar claramente especificada en la solicitud y el importe concedido se debe invertir en actividades que puedan generar ingresos.

Actualmente, Grameen Bank es una empresa sostenible y el 98% de sus operaciones se devuelven con normalidad, una tasa muy superior a la de otros bancos en los países desarrollados.

En 2006, el Comité Nobel noruego decidió galardonar con el premio Nobel de la Paz, dividido en dos partes iguales, a Muhammad Yunus y Grameen Bank por sus esfuerzos para crear un desarrollo económico y social desde abajo. Una paz perdurable no se puede conseguir a menos que una parte importante de la población encuentre los caminos para salir de la pobreza. El microcrédito es uno de esos caminos. Asimismo, el desarrollo desde abajo contribuye a avanzar en la democracia y los derechos humanos.

GRAMEEN DANONE FOODS (GDF)

Combinando la experiencia de Danone en alimentación saludable y el conocimiento de Grameen Bank en microcréditos para la población de la base de la pirámide, en 2006 el Grupo Danone y el Grupo Grameen[21] establecieron una *joint venture* y crearon Grameen Danone Foods (GDF), un negocio (y como tal debe ser rentable) pero cuyas prioridades se han invertido.

GDF ha situado las preocupaciones sociales y medioambientales en el corazón de su modelo de negocio. El éxito del proyecto será juzgado en base a criterios no financieros, aunque se considera que deben existir beneficios que permitan una sostenibilidad. Entre estos criterios

[21] FUENTE: The Grameen Creative Lab, 2012, y Danone, 2012.

no financieros cabría citar el número de empleos directos e indirectos creados (productores de leche, mayoristas, vendedores puerta a puerta), la mejora de la salud infantil, la protección del medioambiente, etc.

GDF nació para luchar contra la malnutrición. Para ello creó un yogur altamente nutritivo a precios bajos enfocado a la población de la base de la pirámide. El precio del yogur era de 6 BDT, unos 0,06€, un precio que hasta los más pobres se podían permitir.

La vocación de GDF es influir en la vida de las personas, pero no sólo mejorando su salud, sino que los beneficios estén a lo largo de toda la cadena de valor. Así, la leche se compra a microgranjeros, la producción se diseña de modo que pueda generar el mayor número de puestos de trabajo posible, las vendedoras que distribuyen el yogur puerta a puerta reciben una provisión del 10% y los yogures no vendidos son devueltos a la empresa. De este modo, GDF crea 1.600 empleos en un radio de acción de 30 km alrededor de una planta de producción.

En cuanto a los aspectos medioambientales, GDF utiliza energía solar para precalentar el agua de las calderas y calentar el agua utilizada para limpiar las instalaciones. Asimismo, los envases son totalmente biodegradables.

GDF realizó un extenso estudio de mercado con el objetivo de comprender mejor la cultura y la población de Bangladesh. Fruto de este estudió surgió Sahkti Doi, un yogur vitamínico producido con leche entera con alto contenido en proteínas, vitaminas y enriquecido con micronutrientes. Un envase de 80 g es suficiente para cubrir el 30% de las necesidades diarias de un niño en vitamina A, hierro, zinc y yodo.

La innovación fue constante en todo el proceso. Uno de los principales problemas que tuvo que afrontar GDF fue la dificultad que tenía la distribución del producto, ya que la mayoría de las tiendas rurales no disponía de refrigeradores. Para solventar esta situación, se contrató a mujeres del campo para que vendieran el producto de forma ambulante con una pequeña nevera que se les proporcionaba.

En 2008 el proyecto se cerró con pequeñas pérdidas para GDF. Se espera que con la entrada en los mercados urbanos de la base de la pirámide se puedan lograr beneficios. Hasta la fecha no se ha realizado ningún estudio sobre el impacto que este yogur produjo sobre la salud de la población de Bangladesh, aunque se cree que vendría a redundar la tesis sostenida por el proyecto abordado por GDF.

ICICI BANK

ICICI Bank se fundó en 1955 como iniciativa del Banco Mundial, el Gobierno de la India y los representantes de la industria india. Su principal objetivo era crear una institución de desarrollo financiero para proporcionar financiación de proyectos de medio y largo plazo a las empresas indias.

En la actualidad, ICICI Bank[22] es el segundo banco más grande de la India, con un total de activos gestionados de 93.000 millones de dólares y un beneficio después de impuestos de 1.271 millones de dólares[23]. El banco tiene una red de 2.772 oficinas y 9.363 cajeros automáticos, y está presente en 19 países.

ICICI Bank ofrece una amplia variedad de productos y servicios financieros para empresas y particulares a través de una diversidad de canales de distribución y de sus empresas subsidiarias especializadas en banca de inversión, seguros de vida y otros, *venture capital* y gestión de activos.

El banco cotiza en el Bombay Stock Exchange y el National Stock Exchange de la India. Mediante su filial americana, también cotiza en New York Stock Exchange (NYSE).

Tradicionalmente, los bancos de la India se han centrado en las clases más altas de la población al considerar que el mercado de la base de la pirámide no ofrece un alto potencial a pesar de que en 1949 el Gobierno indio, de acuerdo con el Banco de la Reserva India (RBI),

---

22 FUENTE: ICICI Bank, 2012.

23 En el año fiscal que finalizó el 31 de marzo de 2012.

aprobó una ley para fomentar la expansión del crédito a las zonas más pobres del país. Desde su fundación, ICICI Bank encontró en esta ley una gran oportunidad para captar el segmento de la base de la pirámide.

Un estudio encargado por ICICI Bank reveló que los grupos más pobres del país tenían una gran dependencia crediticia del sector informal. Los préstamos informales se caracterizaban por tener unas condiciones importantes de usura, en los cuales los tipos de interés podían alcanzar hasta el 15% diario y el 2.000% en términos anuales.

Las tres metas principales que ICICI Bank adoptó fueron:

- aumentar la penetración bancaria en zonas rurales,
- anticiparse (en lugar de reaccionar) a las necesidades del mercado rural, de importancia creciente,
- apoyar al ciudadano como buen ciudadano corporativo.

ICICI Bank identificó dos maneras de acceder al mercado de la base de la pirámide:

Modelo de acceso directo: se centró en facilitar el acceso directo al crédito por parte de la población de la base de la pirámide mediante microcréditos y la creación de programas de ahorro. Para facilitar este modelo, el banco tomó la decisión estratégica de fusionarse con el Banco de Madura, que ya disponía de una gran presencia en el sector rural, donde estaba situada la mayor parte de la población de la base de la pirámide de la India.

Modelo de asociación con canales indirectos: el banco estableció alianzas estratégicas con ONG e instituciones microfinancieras que trabajaban con la base de la pirámide india. De este modo, el banco aprovechaba la infraestructura, la experiencia y la autoridad social que estas instituciones tenían en la zona.

Los resultados demuestran que el proyecto ha sido rentable. El número de clientes en el segmento de la base de la pirámide ha aumentado notablemente, así como las alianzas con ONG e instituciones microfinancieras. Asimismo, diversos estudios han demostrado una relación directa entre el acceso a los microcréditos y la reducción de la pobreza.

MICROSOFT CORPORATION. TECNOLOGÍA FLEXGO

En 2006, Microsoft[24] introdujo el ordenador personal de prepago, producido con la tecnología FlexGo. Este producto se orientó a consumidores de economías emergentes y menos desarrolladas. Will Poole, vicepresidente del grupo de expansión de mercado de Microsoft, explica que la empresa observó la enorme popularidad de los móviles con tarjetas de prepago y decidió extender el concepto al uso de los ordenadores personales. El proyecto se inició en Brasil, con la intención de expandirlo también a la India, México, Rusia y China.

El funcionamiento de este concepto es simple: el cliente paga una pequeña cantidad de dinero y el precio restante se paga en función del uso del ordenador. El cliente debe comprar una tarjeta de prepago y sólo debe pagar por el tiempo que esté utilizando el ordenador. Una vez se paga la totalidad, el ordenador está disponible para su uso ilimitado. Este sistema adoptado por Microsoft es, en definitiva, una forma de acceso al crédito a los segmentos de bajos ingresos. El sistema de prepago contribuye a la disminución de la morosidad.

Un año después de la puesta en marcha de este proyecto en Brasil, las ventas de ordenadores portátiles se doblaron. Además, una encuesta realizada por Microsoft en este mismo país reveló que el 30% de los clientes de prepago se decidieron a comprar un ordenador debido a la introducción de este proyecto.

---

24 FUENTE: Microsoft Corporation, 2006.

TETRA PAK

Tetra Pak[25] es una empresa líder mundial en proceso y envasado de leche, zumos, bebidas y otros alimentos. En 1951, y con un novedoso sistema de envasado en la prensa, Ruben Rausing y Erik Wallenberg fundaron la empresa en Lund, Suecia. Al año siguiente, la empresa entregó la primera máquina Tetra Pak para envases de cartón con forma de tetraedro a una granja lechera de Lund. Tetra Pak pasó a ser el principal competidor de los envases de vidrio, muy extendidos hasta entonces. En sólo 10 años consiguieron vender 1.000 millones de envases de cartón anuales en 8 países. En la actualidad, Tetra Pak cuenta con cerca de 22.000 empleados en más de 85 países, 78 oficinas de ventas en todo el mundo, 42 fábricas de material de envase y sus productos se venden en más de 170 mercados.

En 1999, Tetra Pak decidió invertir en los países emergentes, donde la mayoría de los productos alimenticios líquidos se vendían sin ningún tipo envase. Se estimaba que el potencial de negocio se situaba en torno a los 150.000 millones de envases anuales. La compañía centró sus actividades en dichos mercados en dos campos diferentes:

- los programas escolares de consumo de leche,
- las bebidas de consumo fuera del hogar.

La formación pasó a ser uno de los principales objetivos. Era necesario realizar un proceso de educación de la población de la base de la pirámide sobre la importancia del uso de envases para evitar la transmisión de enfermedades. Se consideró que las familias de la base de la pirámide no comprarían envases de gran tamaño por el elevado coste que podrían representar, por lo que se optó por la producción de envases pequeños. De este modo, Tetra Pak introdujo un envase aséptico muy económico y que resolvía los problemas que planteaba

[25] FUENTE: Tetra Pak, 2012.

la distribución geográfica en los diferentes pueblos de los países de la base de la pirámide.

Tetra Pak estableció diversas alianzas estratégicas con el sector público e inició una serie de campañas de alimentación en las escuelas. Al mismo tiempo, facilitó el acceso al crédito financiando a los granjeros locales para que pudiesen obtener la tecnología necesaria para realizar el envasado. Sólo en Tailandia, en 2002, el programa ya atendía a más de 6 millones de niños y la producción de leche creció de forma importante en pocos años.

TOPITOP

Topitop[26] es una gran cadena de tiendas latinoamericana con operaciones en Perú, Venezuela y Colombia. Su principal objetivo es llevar moda y comodidad a niños, mujeres y hombres. Fundada en 1983 por Aquilino Flores, un vendedor ambulante de ropa cuya experiencia personal le permitió conocer en profundidad el mercado textil de la base de la pirámide, se dedica a la fabricación de prendas de vestir de tejido de punto 100% algodón. Desde su fundación, esta empresa peruana centró su estrategia en ofrecer al cliente una gran variedad de prendas, siempre novedosa y de buena calidad a precios aceptables.

Inicialmente, la empresa contaba con una serie de empresas a las que subcontrataba la producción de las prendas. Pero muy a menudo estas empresas no tenían la capacidad de adaptación necesaria para responder con rapidez a las exigencias del modelo de negocio que deseaba impulsar Topitop. Por este motivo, Aquilino Flores decidió integrar verticalmente la compañía con el objetivo de abaratar costes y dotar de mayor capacidad de respuesta al proceso productivo.

Topitop es capaz de ofrecer precios especialmente bajos dado que la empresa reinvierte sus beneficios en la obtención de nuevas tec-

[26] FUENTE: Topitop, 2012.

nologías que reduzcan los costes de producción. En la actualidad, la empresa cuenta con 4.750 empleados y es el segundo exportador textil de Perú.

VODACOM

Vodacom[27] es una compañía de comunicaciones móviles africana proveedora de servicios de voz, mensajería, datos y otros servicios de convergencia a más de 47 millones de clientes. En 1993, la empresa inició sus operaciones en Sudáfrica, donde tiene su sede central en Johannesburgo. En la actualidad dispone de redes en Tanzania, República Democrática del Congo, Mozambique y Lesotho. Su accionista mayoritario es Vodafone. Cotiza en Bolsa en el JSE (Johannesburg Stock Exchange).

Según un estudio del Center for Economic Policy Research, existe una relación directa entre la expansión del uso del teléfono móvil en una zona geográfica y su tasa de crecimiento económica. Así, la introducción de la telefonía móvil y el acceso a internet tienen un efecto muy positivo en el desarrollo de las economías emergentes.

En 1994, a raíz de una serie de exigencias gubernamentales, Vodacom inició el programa Vocadom Community Services, destinado a incrementar el acceso a la tecnología entre la población base de la pirámide. Este modelo de negocio se basa en ofrecer a emprendedores locales de las zonas menos desarrolladas del país, la adquisición de franquicias de tiendas de telefonía. Cada franquicia tiene un precio de establecimiento de 3.450 dólares y debe pagar un porcentaje de sus ingresos a la empresa.

El coste de las llamadas está regulado por el Gobierno y es muy inferior al que establecen habitualmente las operadoras para la telefonía móvil. Aun con estos bajos precios, los propietarios de las

[27] FUENTE: Vodacom, 2012.

franquicias suelen obtener beneficios económicos. Esta iniciativa de Vodacom contribuye, a su vez, a fomentar el espíritu emprendedor entre la población local.

Tradicionalmente, todas las compañías telefónicas ofrecían tarjetas prepago por las que los clientes pagaban una cantidad determinada y podían utilizarla en varias ocasiones. Vodacom observó que la renta disponible de la población de la base de la pirámide era muy baja y que habitualmente no podían permitirse comprar una tarjeta de prepago por el elevado coste que suponía una cuota fija. Además, existía un riesgo de robo o pérdida, lo que hacía aún menos adecuado la adquisición de estas tarjetas por parte de la base de la pirámide. Una de las características principales de la estrategia de Vodacom es que permite que el cliente pague únicamente por la llamada que va a realizar, sin necesidad de tener que comprar tarjetas de prepago. De este modo consiguió que su producto tuviese una amplia aceptación.

En 2005, el mercado de telefonía en África crecía a un ritmo del 58% anual, siendo el continente que registraba un mayor nivel de crecimiento. Sudáfrica era responsable de un quinto de este crecimiento. El proyecto de Vodacom ha propiciado la creación de muchos puestos de trabajo y la activación económica de zonas muy desfavorecidas.

WATERHEALTH

WaterHealth International[28] desarrolla, instala y opera sistemas de purificación y desinfección del agua, y ofrece agua potable de alta calidad a precios asequibles en las zonas marginadas de las áreas rurales o de la periferia de las poblaciones urbanas. En la actualidad, su sede central está en Irvine (California, EE.UU.), y dispone de filiales en la India, Bangladesh, Ghana, Nigeria, Liberia y Filipinas.

---

[28] FUENTE: WaterHealth International, 2012.

Según datos de la Organización Mundial de la Salud en 2005, se estimaba que más de 1.000 millones de personas no tenían acceso a agua potable y que 2 millones de personas morían cada año a causa de enfermedades relacionadas con la falta de saneamiento del agua.

WaterHealth International produce sistemas de desinfección de agua mediante un sistema basado en la luz ultravioleta y múltiples filtrados. La empresa ofrece sistemas comunitarios de purificación de agua, unidades domésticas y franquicias que venden el agua purificada a un precio bajo. Un número considerable de comunidades, formadas en su gran mayoría por población base de la pirámide, han adquirido los sistemas comunitarios de saneamiento del agua, que la purifica a un precio notoriamente inferior al de cualquier otro proveedor. Los sistemas de purificación de agua de WaterHealth International funcionan a través de la tecnología UVWaterworks, que elimina los microorganismos del agua infectada a través de rayos ultravioleta. Según la propia empresa, el precio de venta de un litro de agua con todos los costes incluidos puede ser de 0,002 dólares. Los centros de WaterHealth International ofrecen una solución escalable y sostenible para purificar cualquier fuente de agua según las normas de calidad del agua potable de la OMS.

Hoy en día, más de 4 millones de personas tienen acceso a agua potable purificada por WaterHealth International en los países de actuación y las previsiones son que esta cifra llegue a 100 millones de personas en 2015. Asimismo, la compañía ha establecido una serie de *joint ventures* con otras empresas tales como Coca Cola, Diageo o el Banco Mundial para potenciar su actividad local.

Con la creación de los Centros WaterHealth, la compañía ofrece una mejora en la calidad de vida de las personas mediante el acceso a agua purificada, desarrolla el empleo local y la emprendeduría, fomenta la educación en la necesidad de consumir agua potable, e impulsa la independencia económica de la población de la base de la pirámide, contribuyendo al desarrollo sostenible de la zona.

Conclusiones

Estos quince ejemplos descritos anteriormente son de múltiples sectores que han accedido con éxito a diferentes mercados de la base de la pirámide. Varias de las empresas analizadas son organizaciones sin ánimo de lucro; no obstante, estas empresas u organizaciones han logrado ser económicamente sostenibles, buscando la generación de resultados como principio para la perdurabilidad en el tiempo y la vía para aumentar el nivel de vida de la población de la base de la pirámide.

Los modelos de negocio se fundamentan en unos márgenes de contribución especialmente bajos, lo que hace necesario acceder a un volumen de ventas elevado para alcanzar los beneficios de sostenibilidad. Es necesario que estos modelos de negocio sean estables en el tiempo y permitan la escalabilidad necesaria para acceder a otros países y ganar así en eficiencia.

En capítulos anteriores se ha demostrado que existe un círculo virtuoso que permite entrar en una espiral de éxito, y en este capítulo se han mostrado una serie de ejemplos que permiten ver cómo las inversiones extranjeras directas conducen al desarrollo económico y social de la población (mediante la creación de empleo, impulso de la emprendeduría y educación de la población) y se consigue así la reducción de la pobreza. A medida que la sociedad se desarrolla, se atrae el interés de nuevas empresas que deciden acceder a estos mercados, continuando así la espiral creciente de desarrollo.

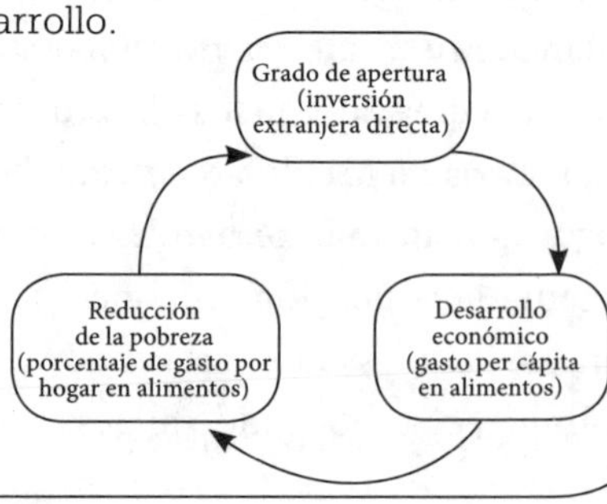

FIGURA 8. El círculo virtuoso

FUENTE: Elaboración propia.

Epílogo

Al principio de este libro se planteaban dos cuestiones relativas a empresas y personas:

- ¿Es posible conseguir que las personas con las rentas más bajas del mundo puedan incorporarse al mercado y desarrollarse en las diferentes facetas de la vida?
- ¿Pueden las multinacionales acceder a nuevos mercados donde la competencia es irrelevante y hacer negocios rentables sostenibles en el tiempo?

A lo largo de estas páginas has podido descubrir cómo un nuevo mundo es posible. Existe una oportunidad real en el mercado de la población de la base de la pirámide para las empresas privadas, integrando a esos países en el mercado mundial, que, a su vez, permite el desarrollo económico y social de la población. Se puede afirmar que es posible desarrollar nuevos mercados en aquellos entornos que habitualmente nadie considera, y contribuir de este modo al desarrollo como personas de esa población.

El mercado de la base de la pirámide ha sido tradicionalmente ignorado por las empresas privadas por ser considerado como no rentable y, por tanto, no sostenible por sí mismo. Sin embargo, este mercado es una opción con un amplio potencial de negocio para la iniciativa privada.

El modo en que se abordan estos proyectos es fundamental para el éxito de los mismos. El acceso a estos mercados no puede basarse en una simple transmisión de las estrategias o una mera adaptación parcial de las políticas de negocio desarrolladas en los mercados tradicionales, sino que se requiere desarrollar nuevos paradigmas, innovar en el modo en que se accede al mercado y establecer otros modelos de negocio diferentes a los habituales. Para ello se necesita un compromiso total y absoluto de la alta dirección, que impulse el proyecto, que ejerza el verdadero papel de líder y que sea el ejemplo que todos esperan que sea. Pero a la vez debe establecer unas estructuras funcionales con la mayor autonomía posible y permitir la independencia en la toma de decisiones por parte de los directivos involucrados en el proyecto.

Solo se va rápido. En equipo se va más lejos. Por eso no hay que abordar en solitario un proyecto de acceso al mercado de la base de la pirámide y es necesario establecer una serie de alianzas estratégicas con empresas, gobiernos y ONG locales que faciliten la aproximación y la penetración en el mercado objetivo.

Habitualmente el canal de distribución tradicional no servirá para acceder al mercado de la base de la pirámide; por este motivo, desarrollar un nuevo sistema de distribución independiente es fundamental en la estrategia de introducirse en este mercado.

La estructura de precios debe estar basada en la disponibilidad a pagar por la población de la base de la pirámide. Asimismo, es necesario optimizar las estructuras de costes y adecuar los márgenes a las exigencias de la base de la pirámide.

La estrategia de comunicación debe combinar el uso de los medios tradicionales utilizados en los mercados desarrollados con la introducción de medios de comunicación innovadores que permitan llegar a la población local.

Un factor muy ligado a la comunicación es la educación social, algo que contribuirá positivamente al desarrollo personal, además de facilitar el acceso a los mercados de la base de la pirámide.

Todo esto conduce a una espiral positiva de modo que el nivel de inversión extranjera directa permite el desarrollo económico de la población y contribuye notablemente a la reducción de la pobreza, lo que, a su vez, atrae a nuevas inversiones extranjeras que se planteen el acceso al mercado de la base de la pirámide, realimentándose de este modo el círculo.

REFLEXIÓN

Llegado este punto, ya eres consciente de que hay una serie de empresas que han accedido al mercado de la base de la pirámide; otras ya están iniciando diferentes proyectos.

¿Y tu empresa?
¿Ya has iniciado el camino?

Decía Henry Ford: "Tanto si creo que puedo, como si creo que no puedo, estoy en lo cierto." Créetelo.

Vivimos en un mundo de opulencia. Hay mucho y hay para todos. Tan sólo hay que encontrar el camino. En ocasiones, quedarse atrás no es fruto de ir en sentido contrario; puede ser consecuencia de no actuar cuando los demás actúan y avanzan.

No dejes escapar la inmensa oportunidad que ofrece el mercado potencial de la base de la pirámide, el cual, aparte de ser rentable, permite conseguir un desarrollo sostenible de la sociedad.

CEO, ¿te atreves?

Bibliografía

ABLETT, J., et al. *The "Bird of Gold": The Rise of India's Consumer Market*, McKinsey Global Institute, 2007.

ADAMS, R., "Economic growth, inequality and poverty: findings from a new data set", *World Bank Policy Research Working Paper Series*, 2972, 2003.

—, "Economic growth, inequality and poverty: estimating the growth elasticity of poverty", *World Development*, 32(12), pp. 1989-2014, 2004.

ALFARO, L., CHANDA, A., KALEMLI-OZCAN, S., y SAYEK, S., "How Does Foreign Direct Investment Promote Economic Growth? Exploring the Effects of Financial Markets on Linkages", *NBER Working Papers*, 12522, 2007.

ALLEN, R.G.D., y BOWLEY, A.L., *Family expenditure: a study of its variation*, London School of Economics and Political Science, Studies in Statistics and Scientific Method, 2, 1935.

ANDERSON, J., y MARKIDES, C., "Innovación estratégica en la base de la pirámide", *Harvard Deusto Business Review*, 167, pp. 50-57, 2008.

ATKINSON, A.B., *The Economics of Inequality*, Oxford: Oxford University Press, 1975.

AUSTIN, J., *Lectures on jurisprudence*, Oxford: Oxford University Press, 1963.

BALDWIN, R., "Openness and Growth: What's the Empirical Relationship?", *NBER Working Papers*, 9578, 2003.

BALU, R., *Strategic innovation: Hindustan Lever Ltd.*, www.fastcompany.com, p. 120, junio de 2001.

BANCO MUNDIAL, *El Banco Mundial en Bangladesh* (en línea: <http://web.worldbank.org/WBSITE/EXTERNAL/BANCOMUNDIAL/NEWSSPANISH/0,,contentMDK:20621728~pagePK:64257043~piPK:437376~theSitePK:1074568,00.html>), 2005. [Consulta: 17 noviembre 2009]

—, *Poverty data: a supplement to the World Development Indicators 2008*, Washington DC, 2008.

—, *World Development Report 2009*, 2009.

—, *El Banco Mundial introduce una reforma de los derechos de voto y obtiene un aumento por valor de US$86.000 millones* (en línea: <http://web.worldbank.org/WBSITE/EXTERNAL/BANCOMUNDIAL/NEWSSPANISH/0,,contentMDK:22556268~pagePK:64257043~piPK:437376~theSitePK:1074568,00.html>), 2010. [Consulta: 27 de abril de 2010]

—, *Poverty headcount ratio at $2 a day (PPP) (% of population)* (en línea: <http://data.worldbank.org/indicator/SI.POV.2DAY/countries>), 2011 [Consulta: 1 de febrero de 2011]

Banerjee, A., y Duflo, E., "The economic lives of the poor", *Journal of Economic Perspectives*, 21(1), pp. 141-167, 2007.

Barro, R., *Determinants of Economic Growth: A Cross-Country Empirical Study*, Cambridge, MA: MIT Press, 1997.

—, "Inequality and Growth in a Panel of Countries", *Journal of Economic Growth*, 5(1), pp. 5–32, 2000.

Bartlett, C., y Ghoshal, S., *Managing across borders: The transnational solution*, Cambridge, MA: Harvard Business School Press, 1989.

BBC News, *India debates 'racist' skin cream ads*, 2003. [Emisión: 24 de julio de 2003]

Ben-David, D., "Equalizing Exchange: Trade Liberalization and Income Convergence", *Quarterly Journal of Economics*, 108(3), pp. 653-679, 1993.

Bendell, J., "From responsibility to opportunity: CSR and the future of corporate contributions to world development", *MHCI Monthly Feature*, 2.

Bhagwan Makaueer Viklang Sahayata Samiti (BMVSS). (en línea: <http://www.jaipurfoot.org/01_org_whywere&areweneeded.asp>). [Consulta: 13 de noviembre de 2009]

Borensztein, E., De Gregorio, J., y Lee, J.W, "How does foreign direct investment affect economic growth?", *Journal of International Economics*, 45(1), pp. 115-135, 1998.

Braun, J.V., *Rising food prices: what should be done?*, IFPRI Policy Brief, 2008.

Brilliant, L., y Brilliant, G., "Aravind: Partner and Social Science Innovator (Innovations Case Discussion: Aravind Eye Care System)", *Innovations: Technology, Governance, Globalization*, 2(4), pp. 50-52, 2007.

Bruno, M., Ravallion, M., y Squire, L., *Equity and growth in developing countries: old and new perspectives on the policy issues. Income distribution and high growth*, Cambridge, MA: MIT Press, 1998.

CEMEX, *Patrimonio Hoy* (en línea: <http://www.cemexmexico.com/se/se_ph.html>). [Consulta: 29 de octubre de 2009]

—, *Strategically Positioned* (en línea: <http://www.cemex.com/tc/tc_gl.asp>). [Consulta: 29 de octubre de 2009]

Cescau, P., "Beyond Corporate Responsability: Social innovation and sustainable development as drivers of business growth", discurso en INSEAD, 2007.

CFWshops, *The HealthStore Foundation* (en línea: <http://www.cfwshops.org/>). [Consulta: de 28 noviembre de 2009]

Chakravorti, B., *Business Standard India 2010*, Nueva Delhi: Business Standard Books, 2010.

Chambers, R., *Whose reality counts?*, Londres: Intermediate Technology, 1997.

Chen, S., y Ravallion, M., "How did the World´s Poorest Fare in the 1990s?", *World Bank Policy Research Working Paper Series*, 2409, 2002.

Chowdhury, M., Ghosh, D., y Wright, R., "The Impact of Micro-credit on Poverty: Evidence from Bangladesh", *Progress in Development Studies*, 5(4), pp. 1-12, 2005.

Christensen, C., Craig, T., y Hart, S., "The great disruption", *Foreign Affairs*, 80(2), pp. 80-95, 2001.

—, y Raynor, M., *The innovator's solution: Creating and sustaining successful growth*, Boston, MA: Harvard Business School Press, 2003.

Clay, J., *Exploring the links between International Business and Poverty Reduction: a case study of Unilever in Indonesia*, Eynsham: Information Press, 2005.

Crabtree, A., *Evaluating the 'bottom of the pyramid' from a fundamental capabilities perspective*, Copenhagen Business School, Working Paper 1, 2007.

D'Andrea, G., Stengel, E., y Goebel-Krstelj, A., "Six truths about emerging-market consumers", *Strategy+Business*, 34, pp. 2-12, 2004.

Dawar, N., y Chattopadhyay, A., "Rethinking marketing programs for emerging markets", *Long Range Planning*, 35(5), pp. 457-474, 2002.

De Soto, H., *The mystery of capital: Why capitalism triumphs in the west and fails everywhere else*, New Cork: Basic Books, 2000.

De Wilde, C., Milman, A., Flores, Y., Salmeron, J., y Ray, I., "An integrated method for evaluating community-based safe water programs and an application in rural Mexico", *Health Policy and Planning*, 23(6), pp. 452-464, 2008.

Delios, A., y Henisz, W., "Japanese firms' investment strategies in emerging economies", *The Academy of Management Journal*, 43(3), pp. 305-323, 2000.

Departamento de Estado de EE.UU., *U.S. Relations With Cote d'Ivoire* (en línea: <http://www.state.gov/r/pa/ei/bgn/2846.htm>). [Consulta: 25 noviembre 2009]

Doctor, V., y Narayanswamy, H., "Ban for the buck", *The Economic Times*, 2 de abril de 2003.

DOLLAR, D., "Outward-Oriented Developing Economies Really Do Grow More Rapidly: Evidence from 95 LDCs, 1976-85", *Economic Development and Cultural Change*, 40(3), pp. 523-544, 1992.

DOLLAR, D., y KRAAY, A, "Growth is good for the poor", *World Bank Policy Research Working Paper Series*, 2587, 2001.

DOLLAR, D., y KRAAY, A., "Institutions, trade, and growth", *Journal of Monetary Economics*, 50(1), pp. 133-162, 2003.

DUNNING, J., *International production and the multinational enterprise*, Boston, MA: Allen & Unwin, 1981.

EASTERLY, W., *The elusive quest for growth*, Cambridge, MA: MIT Press, 2002.

EDWARDS, S., "Openness, Productivity and Growth: What Do We Really Know?", *Economic Journal*, 108(447), pp. 383-398, 1998.

ENGEL, E., "Die Produktions- und Konsumptionverhaltnisse des Konigreichs" Sach-sen", *International Statistical Institute Bulletin*, 9, pp. 1-125, 1857.

EXPANSIÓN, "China ya es la tercera economía del mundo", 15 de enero de 2009.

FERTIG, M., y TZARAS, H., "Franchising Health care for Kenya: the Health-Store Foundation model", en FAIRBOURNE, J., GIBSON, S., GIBB, W., y DYER, Jr. (eds.), *MicroFranchising: Creating Wealth at the Bottom of the Pyramid*, Provo, Utah: Brigham Young University, 2007.

FINANCIAL TIMES, "India orders ban on advert saying fairer equals for better women", 20 de marzo de 2003.

—, The switch to the lower income consumer, 15 de noviembre de 2005.

FRANKEL, J.A., y ROMER, D., "Does Trade Cause Growth?", *American Economic Review*, 89(3), pp. 379-399, 1999.

GADGIL, A., MILLER, P., y KIBATA, N., "Low cost UV disinfection system for developing countries: field tests in South Africa", First International Symposium on Safe Drinking Water in Small Systems, Washington DC, 1998.

GARDETTI, M., "A base-of-the-pyramid approach in Argentina: Preliminary findings from a BOP learning lab", *Greener Management International*, 51, pp. 65-77, 2005.

GHEMAWAT, P., "Semi-globalization and international business strategy", *Journal of International Business Studies*, 34(2), pp. 138-152, 2003.

—, "Why the world isn't flat", *Strategic Organization*, 6(2), pp. 195-206, 2007.

GHOSHAL, S., y BUTLER, C. *Hindustan Lever Limited: levers for change*, INSEAD Euro-Asia Centre, caso número 302-199-1, 2002.

GORMAN, M.E., WERHANE, P.H., y MEAD, J., *Hindustan Lever Limited (HLL) and Project STING (B)*, Darden Business Publishing, caso número: UVA-E-0267, 2004.

Grameen Bank (en línea: <http://www.grameen-info.org/index.php?option=com_content&task=view&id=19&Itemid=114>). [Consulta: 23 noviembre 2009]

Grigg, D., "Food expenditure and economic development", *Geo Journal*, 33, pp. 377-382, 1994.

Grupo Santander (en línea: <http://www.santander.com/csgs/Satellite?accesibilidad=3&canal=CAccionistas&cid=1148925257148&empr=SANCorporativo&leng=es_ES&pagename=SANCorporativo/Page/SC_ContenedorGeneral>). [Consulta: 9 de noviembre de 2009]

Gunn, C., *Third-sector development: Making up for the market*, Ithaca, NY: Cornell University Press, 2004.

Halasz, R., *International Directory of Company Histories*, vol. 75, Farmington Hills, MI: St. James Press, 2004.

Hammond, A., "Unleashing entrepreneurship among the poor", *Sustainable Development International*, 12(1), pp. 1-3, 2004.

—, y Prahalad, C. "Selling to the poor", *Foreign Policy*, 30, mayo-junio de 2004.

—, Kramer, W., Tran, J., Katz, R., y Walker, C., *The next 4 billion: Market size and business strategy at the base of the pyramid*, World Resources Institute, International Finance Corporation, 2007.

Harrison, A., "Openness and Growth: A Time-Series, Cross-Country Analysis for Developing Countries", *Journal of Development Economics*, 48(2), pp. 419-447, 1996.

Hart, S., "Beyond greening: Strategies for a sustainable world", *Harvard Business Review*, 75, pp. 66-77, 1997.

—, *Capitalism at the crossroads: The unlimited business opportunities in solving the world's most difficult problems*, Wharton School Publishing, 2005.

—, y Christensen, C., "The great leap: Driving innovation from the base of the pyramid", *MIT Sloan Management Review*, 44(1), pp. 51-56, 2002.

—, London, T. y McDonald, H., *Expanding the Playing Field: Nike's World Shoe Project*, Washington DC: World Resources Institute, 2002.

—, y Milstein, M., "Global sustainability and the creative destruction of industries", *Sloan Management Review*, 41(1), pp. 23-33, 1999.

Hart, S., y Milstein, M., "Creating sustainable value", *Academy of Management Executive*, 17(2), pp. 56-67, 2003.

Hart, S. y Sharma, S., "Engaging fringe stakeholders for competitive imagination", *Academy of Management Executive*, 18(1), pp. 7-18, 2004.

Hartge, T., *Expanding the Playing Field: Nike's World Shoe Project* (supplementary video) (en línea: <http://archive.wri.org/publication.cfm?id=3783>), 2002. [Consulta: 10 de enero de 2011]

HASSAN, M.K., "The Microfinance Revolution and the Grameen Bank Experience in Bangladesh", *Financial Markets, Institutions and Instruments*, 11(3), pp. 205-265, 2002.

—, y RENTERIA-GUERRERO, L., "The experience of the Grameen Bank of Bangladesh in community development", *International Journal of Social Economics*, 24(12), pp. 1488-1523, 1997.

HESTON, A., SUMMERS, R., y ATEN, B., *Penn World Table. Version 6.3*, Center for International Comparisons of Production, Income and Prices, University of Pennsylvania, 2009.

HINDUSTAN UNILEVER LIMITED (en línea: <http://hul.co.in/investor/Quarterly%20Results/2002/Q4PressRelease02.pdf>), 2002. [Consulta: 6 de noviembre de 2009]

—, CLSA Investors Meeting, Hong Kong, 2002.

—, *Project Shakti* (en línea: <http://www.unilever.com/images/es_Project_Shakti_tcm13-13297.pdf>), 2005. [Consulta: 15 de enero de 2011]

—, *Sustainable Development Report 2009*, 2009.

—, *Annual Report 2009-10* (en línea: < http://www.hul.co.in/Images/AnnualReport0910_tcm114-225889.pdf>), 2010. [Consulta: 1 de diciembre de 2010]

—, *India: creating rural entrepreneurs* (en línea: < http://www.unilever.com/sustainability/casestudies/economic-development/creating-rural-entrepreneurs.aspx>), 2011. [Consulta: 3 de enero de 2011]

—, *Our history* (en línea: < http://www.hul.co.in/aboutus/ourhistory/?WT.GNAV=Our_history>), 2011 [Consulta: 12 de diciembre de 2010].

HITT, M., DACIN, M., LEVITAS, E., ARREGLE, J., y BORZA, A., "Partner selection in emerging and developed market contexts: Resource-based and organizational learning perspectives", *The Academy of Management Journal*, 43, pp. 449-467, 2000.

HOPKINS, M., *The Fortune to be Gained by CSR: Part I*, 2005. [Consulta: 2 de noviembre de 2009]

HOSKISSON, R., EDEN, L., LAU, C., y WRIGHT, M., "Strategy in emerging economies", *Academy of Management Journal*, 43(3), pp. 249-267, 2000.

HYMER, S., *The international operations of national firms, a study of direct foreign investment*, tesis doctoral, 1960. [Publicada póstumamente en Cambridge, MA: MIT Press, 1976]

IBRAHIM, M., BHANDARI, A., SANDHU, J.S., y BALAKRISHNAN, P., "Making Sight Affordable (Part I): Aurolab Pioneers Production of Low-Cost Technology for Cataract Surgery", *Innovations: Technology, Governance, Globalization*, 1(3), pp. 25-41, 2006.

INTERNATIONAL COUNCIL FOR THE CONTROL OF IODINE DEFICIENCY DISORDER (ICCIDD) (en línea: <http://www.iccidd.org>). [Consulta: 10 de noviembre de 2009]

INTERNATIONAL FOOD POLICY RESEARCH INSTITUTE, *High Food Prices: to What, Who, and How of proposed policy actions*, Policy brief, mayo de 2008, Washington DC.

INTERNATIONAL SOCIETY OF AUTOMATION (en línea: <www.isa.org>), 2002. [Consulta: 29 de diciembre de 2009]

JANEIRO, A., y VIASSA, E., *Aravind Eye Care System*, IESE Business School, caso número: AESE-0006, 2004

JENKINS, R., "Globalization, corporate social responsibility and poverty", *Internatinal Affairs*, 81(3), 525-540, 2005.

JONES, L., RECK, J., y WOOD, B., "Vodacom Community Services: rural telephone access for South Africa", en FAIRBOURNE, J., GIBSON, S., GIBB, W., y DYER, Jr. (eds.), *MicroFranchising: Creating Wealth at the Bottom of the Pyramid*, Provo, Utah: Brigham Young University, 2007.

JOSE, P., "Rethinking the BoP: A critical examination of current BoP models", 2006. [Consulta: 2 de noviembre de 2009]

KAMRAN, A., y HOSSAIN, F., "Social Business Enterprises – Maximising Social Benefits or Maximising Profits? The Case of Grameen-Danone Foods Limited", *Brooks World Poverty Institute Working Paper*, 51, 2008.

KARIUKI, M., y SCHWARTZ, J., "Small-Scale Private Service Providers of Water Supply and Electricity: A Review of Incidence, Structure, Pricing, and Operating Characteristics", *World Bank Policy Research Working Paper Series*, 3727, 2005.

KARNANI, A., "The Mirage of Marketing to the Bottom of the Pyramid: How the Private Sector Can Help Alleviate Poverty", *California Management Review*, 49(4), pp. 90-111, 2007.

—, y Aneel, G., "Doing Well By Doing Good - Case Study: 'Fair & Lovely' Whitening Cream", *Strategic Management Journal*, 28(13), pp. 1351-1357, 2007.

KASTURI, V., y THULASIRAJ, R.D., "Making Sight Affordable (Innovations Case Narrative: The Aravind Eye Care System)", *Innovations: Technology, Governance, Globalization*, 2(4), pp. 35-49, 2007.

—, y RAJAN, R., "Unilever en India: Proyecto Shakti de Hindustan Lever –comercialización de bienes de consumo de rotación acelerada entre los consumidores rurales", *Harvard Business Publishing*, caso número: 508-S20, 2008.

KOGUT, B., "A note on global strategies", *Strategic Management Manual*, 10(4), pp. 383-389, 1992.

—, B., y SINGH, H., The effect of national culture on the choice of entry mode. *Journal of international business studies*, 19(3), 411-432, 1988.

KOTLER, P., *Marketing Insights from A to Z: 80 Concepts Every manager Needs to Know*, Nueva York: John Wiley & Sons, 2003.

KRUEGER, A., "Why Trade Liberalisation is Good for Growth?", *The Economic Journal*, 108(450), pp. 1513-1522, 1998.

KUZNETS, S., "Economic Growth and Economic Inequality", *American Economic Review*, 45, pp. 1-28, 1955.

LA VANGUARDIA, "África quiere ser la nueva India", 14 de marzo de 2010.

LANDRUM, N., "Advancing the 'base of the pyramid' debate", *Strategic Management Review*, 1(1), pp. 1-12, 2007.

LEISTIKOW, N., "Indian women criticize 'Fair & Lovely' ideal", *Women's eNews*, 28 de abril de 2003.

LEONARD-BARTON, D., "Core capabilities and core rigidities: A paradox in managing new product development", *Strategic Management Journal*, 13(5), pp. 111-125, 1992.

LETELIER, M., FLORES, F., y SPINOSA, C., "Developing productive customers in emerging markets", *California Management Review*, 45(4), pp. 77-103, 2003.

LEWIS, W., *The theory of economic growth*, Homewood, IL: R.D. Irwin 1955.

LODGE, G., y WILSON, C., Multinational corporations and global poverty reduction. *Challenge*, 49(3), pp. 17-25, 2006.

LONDON, T., "Creating a global innovation portfolio: A contingent resource-based view", Academy of Management Meeting, Denver, CO, 2002.

—, y Hart, S., "Reinventing strategies for emerging markets: Beyond the transnational model", *Journal of International Business Studies*, 35(5), 350-370, 2004.

LÓPEZ, H., y SERVEN, L., "Too poor to grow", *World Bank Policy Research Working Paper Series*, 5012, 2009.

LUCAS, R., "On the mechanics of economic development", en *Frontiers of Research in Economic Theory: The Nancy L. Schwartz Memorial Lectures*, JACOBS, D.P., KALAI, E., KAMIEN, M.I. (eds.), pp. 1983-1997, 1998.

MANWANI, H., "Brands at the forefront of social change", Speech delivered at the Annual General Meeting, 2007.

MARGOLIS, J., y WALSH, J., "Misery loves companies: Rethinking social initiatives by business", *Administrative Science Quarterly*, 48(2), pp. 268-305, 2003.

MARSHALL, A., *Principles of economics*, Londres: Macmillan and Company, 1890.

MEADE, B., y STACEY, R., The Influence of Income on Global Food Spending. *Agricultural Outlook*, USDA/Economic Research Service, 1997.

Meade, J., *World Economic Survey*, League of Nations, 1938.

Meliker, J., "Arsenic in drinking water and cerebrovascular disease, diabetes mellitus, and kidney disease in Michigan: a standardized mortality ratio analysis", *Environmental Health Magazine*, 6(1), p. 4, 2007.

Meyer, K., "Institutions, transaction costs, and entry mode choice in eastern Europe", *Journal of International Business Studies*, 32, pp. 357–367, 2001.

—, "Perspectives on multinational enterprises in emerging economies", *Journal of International Business Studies*, 35(4), pp. 259-276.

Microsoft Corporation, "Microsoft Unveils Pay-As-You-Go Personal Computing Designed for Emerging Market Consumers" (en línea: <http://www.microsoft.com/presspass/press/2006/may06/05-21 EmergingMarketConsumersPR.mspx>), 2006. [Consulta: 27 de noviembre de 2009]

—, Comunicado de prensa (en línea: <http://www.microsoft.com/presspass/features/2006/may06/05-21 EmergingMarket.mspx>), 2006. [Consulta: 27 de noviembre de 2009]

Montagu, D., *Clinical Social Franchising: An Annual Compendium of Programs, 2009*, San Francisco: The Global Health Group, Global Health Sciences, University of California, 2009.

Moodey, P., y Morley, D., *The Technology Machine, How Manufacturing Will Work in the Year 2020*, Free Press, 1999.

Morduch, J., "The microfinance promise", *Journal of Economic Literature*, 37(4), pp. 1569-1614, 1999.

Mukherjee, A., Sengupta, M.K., y Hossain, M.A. "Arsenic contamination in groundwater: A global perspective with emphasis on the Asian scenario", *Journal of Health Population and Nutrition*, 24(2), pp. 142–163, 2006.

National Sample Survey Organisation, "Disabled Persons in India", Informe número 485, 2002.

Newberry, D., *Cuadritos*, World Resources Institute, 20, 2006.

Nike, "Reports fiscal 2010 fourth quarter and full year results", 2010.

Ninan, S., "Seeing red with this pitch", *The Hindu*, 16 de marzo de 2003.

Nueno, P., Correspondencia electrónica, 2009.

OLPCnews, "First Version XO-3 Laptop to be Released by Marvell" (en línea: <http://www.olpcnews.com/laptops/xo-3/first_version_xo-3_laptop_to_b.html>), 2010. [Consulta: 20 de diciembre de 2010]

Organización de las Naciones Unidas, *Hazard characterization for pathogens in food and water: improving approaches and methods*, 2003.

—, *World Economic and Social Survey 2008: Overcoming Economic Insecurity*, New York: Department of Economic and Social Affairs, 2008.

—, *The Millennium Development Goals Report 2009*, 2009.

Organización de las Naciones Unidas para la Agricultura y la Alimentación, “Calorie requirements. Report of the Second Committee on Calorie Requirements”, *FAO Nutritional Studies*, No. 15, 1957.

— (en línea: <http://www.fao.org/economic/ess/publicaciones-estudios/statistical-yearbook/anuario-estadistico-de-la-fao-2007-2008/c-comercio-exterior/es/>) [Consulta: 25 de noviembre de 2009]

—, Correspondencia electrónica, 2009.

Organización Mundial de la Salud, “Elimination of iodine deficiency disorders in South-East Asia”, informe de una consulta regional, Nueva Delhi: India, 24-26 de febrero de 1997.

—, “Promotion of sustainable iodine deficiency disorders (IDD) control programmes in WHO South-East Asia and Eastern Mediterranean Regions”, informe de una consulta birregional, Chiang Mai: Tailandia, 24-27 de junio de 2003.

Organización Mundial de la Salud, “Evaluation of the Costs and Benefits of Water and Sanitation Improvements at the Global Level”, 2004.

— (en línea: <http://www.who.int/water_sanitation_health/factsfigures2005.pdf>, 2005. [Consulta: 23 noviembre 2009]

—, “Combating Waterborne Diseases at the Household Level. Part 1,” 2007.

—, “Guidelines for drinking-water quality. Volume 1”, 2008.

Organización Mundial del Comercio, “Estadísticas del Comercio Internacional 2007”, Ginebra, Suiza, 2007.

—, “Estadísticas del Comercio Internacional 2008”, Ginebra, Suiza, 2008.

Pacek, N., *The global crisis and the impact on emerging markets*, The Economist Intelligence Unit Ltd. 2008.

—, *The jittery global economy and its impact on emerging markets*, The Economist Intelligence Unit Ltd., 2008

Parker, R., y Skytta, T., “Rural water projects: Lessons from OED evaluations”, World Bank Operations Evaluations Department, Working Paper Series 3, The World Bank, 2000.

Peng, M., “The resource-based view and international business”, *Journal of Management*, 27(6), pp. 803-829, 2001.

Perry, G., López, H., Maloney, W., Servén, L., y Arias, O., *Poverty reduction and growth: virtuous and vicious circles*, The World Bank, 2006.

Pinkovskiy, M., y Sala-i-Martin, X. (2009), “Parametric Estimations of the World Distribution of Income”, *NBER Working Papers*, 15433, 2009.

PITTA, D., GUESALAGA, R., y MARSHALL, P., "The quest for the fortune at the bottom of the pyramid: Potential and challenges", *Journal of Consumer Marketing*, 25(7), pp. 393-401, 2008.

PORTER, M., *Tomorrow's markets. Global trends and their implications for business*, 2002.

POWELL, S., "Spotlight on Stuart L. Hart", *Management Decision*, 44(10), pp. 1476-1484, 2006.

PRAHALAD, C., *The Strategic Process in a Multinational Corporation*, tesis doctoral no publicada, Graduate School od Business Administration, Harvard University, 1975.

—, *The fortune at the bottom of the pyramid: Eradicating poverty through profits*, Wharton School Publishing, 2005.

—, y BETTIS, R., "The dominant logic: A new linkage between diversity and performance", *Strategic Management Journal*, 7(6), pp. 485-501, 1986.

—, y BRUGMANN, J., "Cocreating business's new social compact", *Harvard Business Review*, 85(2), pp. 80-90, 2007.

—, y HAMMOND, A., "Serving the world's poor, profitably", *Harvard Business Review*, 80(9), pp. 48-59, 2002.

—, y HART, S., *Strategies for the bottom of the pyramid: Creating sustainable development*. No publicado.

—, y HART, S., "The fortune at the bottom of the pyramid", *Strategy+Business*, 26, pp. 54-67, 2006.

—, y LIEBERTHAL, K., "The end of corporate imperialism", *Harvard Business Review*, 81(8), pp. 109-117, 2003.

PRAIS, S.J., y HOUTHAKKER, H.S, *The analysis of family budgets with an application to two British surveys conducted in 1937-39 and detailed results*, Cambridge: Cambridge University Press, 1955.

PRASAD, V., y GANVIR, V., "Study of the principles of innovation for the BOP consumer - The case of a rural water filter", *International Journal of Innovation and Technology Management*, 2(4), pp. 349-366, 2005.

RAO, V.V., "Measurament of deprivation and poverty based on the proportion based upon food: an explanatory exercise", *World Development*, 9, pp. 337-354, 1981.

RAVALLION, M. "The debate on globalization, poverty and inequality: why measurement matters", *World Bank Policy Research Working Paper Series*, 3038, 2003.

—, y CHEN, S. (1997). "What can new survey data tell us about recent changes in distribution and poverty?", *World Bank Economic Review*, 11(2), pp. 357–382, 1997.

—, DATT, G. y VAN DE WALLE, D. "Quantifying Absolute Poverty in the Developing World", *Review of Income and Wealth*, 37(4), pp. 345–361, 1991.

RECK, J., y WOOD, B., "Vodacom´s community services phone shops", *Small Enterprise Development*, 15(4), pp. 31-37, 2004.

REFICCO, E., y MÁRQUEZ, P. "Inclusive networks for building BOP markets", *Business & Society*, 51(3), pp. 512-556, 2012.

RICART, J., ENRIGHT, M., GHEMAWAT, P., HART, S., y KHANNA, T. "New frontiers in international strategy", *Journal of International Business Studies*, 35(3), pp. 175-200, 2004.

—, SÁNCHEZ, P., y RODRÍGUEZ, M.A., "Influential Factors in Becoming Socially Embedded in Low-Income Markets", *Greener Management International*, 51, pp. 19-38, 2007.

—, y SÁNCHEZ, P., "Business model innovation and sources of value creation in low-income markets", *European Management Review*, 7, pp. 138-154, 2010.

ROBINSON, S., "A Note on the U-hypothesis Relating Income Inequality and Economic Development", *American Economic Review*, 66(3), pp. 473-440, 1976.

RODRÍGUEZ, M.A., "Hindustan Lever reinventa la rueda (A)", IESE Business School, caso número: DG-1424, 2003.

—, "Hindustan Lever reinventa la rueda (B)", IESE Business School, caso número: DG-1425, 2003.

—, SABRIÀ, F., SÁNCHEZ, P., "La cadena de suministro en la base de la pirámide", IESE Business School, 2008.

RODRIK, D. y RIGOBON, R., "Rule of Law, Democracy, Openness, and Income: Estimating the Interrelationships", *NBER Working Papers*, 10750, 2004.

—, y RODRÍGUEZ, F., *Trade Policy and Economic Growth: A Skeptic's Guide to the Cross-National Evidence*, Cambridge, MA: MIT Press, 2000.

—, SUBRAMANIAN, A., y TREBBI, F., "Institutions Rule: The Primacy of Institutions over Geography and Integration in Economic Development", *NBER Working Papers*, 9305, 2002.

ROEMER, M., y GUGERTY, M., "Does Economic Growth Reduce Poverty?", *CAER Discussion Paper*, 4, 1997.

RONDINELLI, D., y LONDON, T., "How corporations and environmental groups cooperate: Assessing cross-sector alliances and collaborations", *Academy of Management Executive*, 17(1), pp. 61-76, 2003.

ROST, C., y YDREN, E., *Profit for the poor: Sustainable market development in BOP markets*, Oxafam Novid, 2006.

ROSTOW, W., "The stages of economic growth", *The Economic History Review*, 12(1), pp. 1-16, 1959.

SACHS, J., "Helping the World's poorest", *The Economist*, 14, pp. 16–22, 1999.

—, "The end of poverty: Economic possibilities for our time", *European Journal of Dental Education*, 12 (Global Congress on Dental Education III), pp. 17-21, 2008.

—, y WARNER, A., "Economic reform and the process of global integration", *Brookings Papers on Economic Activity*, 1, pp. 1-118, 1995.

SALA-I-MARTIN, X., "The World Distribution of Income", *NBER Working Papers*, 8933, 2002.

SÁNCHEZ, P., *Estrategias de entrada en los países de bajos ingresos: una evaluación a partir de los modelos de negocio de empresas multinacionales*, tesis doctoral, Universitat Politècnica de Catalunya, 2009.

SARA, J., y KATZ, T., "Making rural water supply sustainable: Report on the impact of project rules. UNDP World Bank Water and Sanitation Program", The World Bank, 1997.

SCHÖN, D., *The reflective practitioner: How Professionals Think in Action*, New York: Basic Books, 1983.

SCHRIEDER, G., y SHARMA, M., "Impact of finance on poverty reduction and social capital formation: a review and synthesis of empirical evidence", *Savings and Development*, 23, pp. 67-93, 1999.

SCHUMPETER, J., *Theory of economic development: An inquiry into profits, capital, credit, interest, and the business cycle*, Nueva York: Oxford University Press. 1934.

—, *Capitalism, socialism, and democracy*, Nueva York: Harper Torchooks, 1962.

SCOTT, W. (ed.), *Institutions and organizations*, Thousand Oaks, CA: Sage Publications, 2001.

SEBSTAD, J., y CHEN, G., *Overview of studies of the impact of microenterprise credit*, Washington DC: Management Systems International, 1996.

SEN, A., *Development as freedom*, Oxford: Oxford University Press, 1999.

SERRA, L., UCHE, J., y RALUY, J., "Desalination as a sustainable source of fresh water provision?", presentación aceptada en la sesión Water Management for a Sustainable Future de la conferencia internacional Sustainable Development of Energy, Water and Environment Systems, 2007.

SHYAMKUMAR, A., Entrevista, 2011.

SIMANIS, E., HART, S., DEKOSZMOVSZKY, J., DONOHUE, P., DUKE, D., ENK, G., et al., *The base of the pyramid protocol: Toward next generation BoP strategy*, Ithaca, NY: Cornell University Press, 2004.

—, HART, S., y DUKE, D., "The base of the pyramid protocol: Beyond 'basic needs' business strategies", *Innovations: Technology, Governance, Globalization*, 3(1), pp. 57-84, 2008.

SMITH, A., *An Inquiry into the Nature and Causes of Wealth of Nations*, Londres, 1776.

SOLOW, R., "A contribution to the theory of economic growth", *Quarterly Journal of Economics*, 70(1), pp. 65-94, 1956.

SRIDHARAN, S., y VISWANATHAN, M., "Marketing in subsistence marketplaces: consumption and entrepreneurship in a South Indian context", *Journal of Consumer Marketing*, 27(5), pp. 455-462, 2008.

STEENSMA, H., y LYLES, M., "Explaining IJV survival in a transitional economy through social exchange and knowledge-based perspectives", *Strategic Management Journal*, 21(8), pp. 831-851, 2000.

STEGER, U., "Hindustan Lever (A): Leaping a Millenium", International Institute for Management, caso número: IMD261, 2005.

—, "Hindustan Lever (C): Delivering the desired results", International Institute for Management, caso número: IMD264, 2005.

STEIDLMEIER, P., "The business community and the poor: Rethinking business strategies and social policy", *American Journal of Economics and Sociology*, 52(2), pp. 209-221, 1993.

STIGLITZ, J., *Globalization and its discontents*, Nueva York: WW Norton & Company, 2003.

STONE, R., *The measurement of consumers expenditure and behaviour in the United Kingdom 1920-1938*, Cambridge: Cambridge University Press, 1954.

SUBRAHMANYAN, S., y GÓMEZ-ARIAS, J.T., "Integrated approach to understanding consumer behavior at bottom of pyramid", *Journal of Consumer Marketing*, 25(7), pp. 402-412, 2008.

SULLIVAN, N., *You can hear me now: How microloans and cell phones are connecting the world's poor to the global economy*, Jossey-Bass, 2007.

SULTAN, I., *Grameen Danone Foods Limited – A Unique Model of Social Business Enterprise*, Dhaka, Bangladesh: Grameen Bank, 2006.

TABIN, G., "The Cataract Blindness Challenge Innovations Case Discussion: Aravind Eye Care System", *Innovations: Technology, Governance, Globalization*, 2(4), pp. 53-57, 2007.

TALLMAN, S., "A strategic management perspective on host country structure of multinational enterprises", Journal of Management, 18(3), pp. 455-478, 1992.

—, *Global strategic management*, The Blackwell Handbook of Strategic Management, 2001.

THE ECONOMIST, "Microfinance: The hidden wealth of the poor", 3 de noviembre de 2005.

The Economist Intelligence Unit, "Global Debt Comparison", (en línea: <http://buttonwood.economist.com/content/gdc>). [Consulta: 30 de octubre de 2009]

The New York Times, "Cellphones Catapult Rural Africa to 21st Century", 25 de agosto de 2005.

The Times, "Unilever cleans up by learning how to sell to the poorest of the world", 10 de diciembre de 2005.

Tran, J., "The Next 4 Billion Webpage" (en línea: <http://www.nextbillion.net/blog/2007/01/17/a-bop-entrepreneur-gets-to-the-nitty-gritty-q-a-with-cf-wshops-ke>), 2007. [Consulta: 28 de noviembre de 2009]

Trimble, C., "Hindustan Lever", Tuck School of Business, caso número: 2-0011a, 2002.

Twarakavi, N.K.C., y Kaluarachchi, J.J., "Arsenic in the shallow ground waters of conterminous United States: assessment, health risks, and costs for MCL compliance", *Journal of American Water Resources Association*, 42(2), pp. 275–294, 2006

Uzzi, B., "The sources and consequences of embeddedness for the economic performance of organizations: The network effect", *American Sociological Review*, 61, pp. 674-698, 1996.

Vargas Llosa, A., *Lessons from the poor: triumph of the entrepreneurial spirit*, Independent Institute, 2008.

Vikram, A., "Business basics at the base of the pyramid", *Harvard Business Review*, 86(6), pp. 53-57, 2008.

Vodacom, Resultados del semestre finalizado el 30/09/2009 [en línea] <http://www.vodacom.com/results/interim_results_2010/pdf/booklet.pdf> [Consulta: 30 noviembre 2009].

Wahid, A.N.M., "The Grameen Bank and poverty alleviation in Bangladesh: theory, evidence and limitations", *The American Journal of Economics and Sociology*, 53(1), pp. 1-15, 1994.

Walsh, J., Kress, J., y Beyerchen, K., "Book review essay: Promises and perils at the bottom of the pyramid", *Administrative Science Quarterly*, pp. 473-482, 2005.

Warner, M., y Sullivan, R., *Putting partnerships to work: Strategic alliances for development between government, the private sector and civil society*, Austin, TE: Greenleaf Publishing, 2004.

WaterHealth, (en línea: <http://www.waterhealth.com>). [Consulta: 23 noviembre 2009]

Wavell, O., "Does Industrialisation Push Up Inequality? New Evidence on the Kuznets Curve from Nineteenth-Century Prussian Tax Statistics", *Oxford University Economic and Social History Series*, 048, 2002.

WEISER, J., *Untapped: Creating value in underserved markets*, San Francisco, CA: Berrett-Koehler Publishers, 2006.

WELLS, L., KUMAR, K., y MCLEOD, M., "Multinationals and the developing countries", *Journal of International Business Studies*, 29(1), pp. 101-114, 1998.

WERHANE, R., "Hindustan Lever limited (HLL) and project STING D", University of Virginia, caso número: UVA-E-0266, 2004.

—, "Hindustan Lever limited (HLL) and project STING A", University of Virginia, caso número: UVA-E-0269, 2004.

WILLIAMSON, O., *Markets and hierarchies, analysis and antitrust implications: A study in the economics of internal organization*, Free Press, 1975.

WINTERS, A., MCCULLOCH, N., y MCKAY, A., "Trade liberalization and poverty: The Evidence so Far", *Journal of Economic Literature*, 42(1), pp. 72-115, 2004.

WOLFE, R.L., "Ultraviolet Disinfection of Potable Water", *Enviromental Science & Technology*, 24(6), pp. 768-773, 1990.

WORLD BUSINESS COUNCIL FOR SUSTAINABLE DEVELOPMENT, *A business guide to development actors*, 2004.

YEMEN POST, "Bread is beyond poor people´s reach", 14 de enero de 2008.

YUNUS, M., *Banker to the poor: micro-lending and the battle against world poverty*, Nueva York: Public Affairs, 2003.

—, "Grameen Danone Foods Launched", Grameen Dialogue, 63, 2006.

—, *Creating a world without poverty: social business and the future of capitalism*, Nueva York: Public Affairs, 2007.

ZHANG, K.H., "Does foreign direct investment promote economic growth? Evidence from East Asia and Latin American", *Contemporary Economic Policy*, 19(2), pp. 175-185, 2001.

Agradecimientos

Me gustaría expresar mi agradecimiento a las distintas personas que, de una u otra forma, me han apoyado para que este libro sea una realidad.

A mi madre –que también ha hecho de padre–, mi enorme gratitud y amor por haberme traído al mundo, por apoyarme en todo siempre y formarme en lo más importante de esta vida: en la educación de unos valores y virtudes eternos.

A mi mujer Blanca, por todo lo que me quiere y por los maravillosos hijos que me ha dado hasta hoy, Tomás, Álvaro, Blanca y Pepe.

A mi hermana, Nieves, ciudadana del mundo y emprendedora, por estar siempre que hace falta a mi lado.

Al profesor don Antonio Argandoña Ramis, ejemplo de humanidad y profesionalidad, a quien le agradezco su cariñoso prólogo de este libro, su reto animándome a escribirlo y su apoyo permanente en lo que haga falta.

A mi estimado Carlos Ordax Alonso, excelente persona, sin cuya ayuda y colaboración no habría terminado este libro.

A mi querido amigo y editor Ton Paricio Manaut, por su amistad eterna y por facilitarme publicar este libro.

A mis buenos amigos Javier Romaní Fernandez y Pedro Tudela Saladich, cuya inspiración y lealtad durante mi tesis doctoral permitió engendrar, al cabo de un tiempo, este libro.

A Juan Collado Murillo, mi amigo del alma.

Acerca del autor

TOMÁS TOMEO FONCUBERTA (Barcelona, 15 de junio de 1969) es el director de Desarrollo Corporativo del IESE Businesss School. Previamente fue el director ejecutivo del Executive MBA y el director de programas de perfeccionamiento directivo de la citada escuela.

Anteriormente fue emprendedor en Estados Unidos, Latinoamérica y España, como consultor de organización y estrategia de negocios. Ha sido también conferenciante y profesor de diversas escuelas de negocios.

Doctor en Economía por la Universitat de Barcelona, graduado en Fund Raising por The Center on Philanthropy at Indiana University (EE.UU.), máster de investigación en Ciencias Humanas, Sociales y Jurídicas por la Universidad Internacional de Cataluña, Programa de Dirección General por el IESE Business School y MBA por ESADE Business School.